8R
13830

I0082083

8°R
18880.

08

DÉPÔT LÉGAL
Côtes du Nord
N 33
1896

LE PETIT SÉMINAIRE

DE

PLOUGUERNÉVEL

DEPUIS SA FONDATION

JUSQU'A LA PÉRIODE RÉVOLUTIONNAIRE

PAR

M. LE CHANOINE CHATTON

Vicaire général honoraire

Président de l'Association des Anciens Élèves

SAINT-BRIEUC

IMPRIMERIE-LIBRAIRIE-LITHOGRAPHIE RENÉ PRUD'HOMME

Imprimeur de Sa Grandeur Monseigneur l'Evêque

1896

8º R

LE PETIT SÉMINAIRE

DE

PLOUGUERNÉVEL

DEPUIS SA FONDATION

JUSQU'A LA PÉRIODE RÉVOLUTIONNAIRE

PAR

M. LE CHANOINE CHATTON

Vicaire général honoraire
Président de l'Association des Anciens Élèves

SAINT-BRIEUC

IMPRIMERIE-LIBRAIRIE-LITHOGRAPHIE RENÉ PRUD'HOMME
Imprimeur de Sa Grandeur Monseigneur l'Évêque

1896

LE SÉMINAIRE DE PLOUGUERNÉVEL

DEPUIS SA FONDATION

Jusqu'à la période révolutionnaire

(1669-1791)

~~~~~~~

AVANT-PROPOS

Le voyageur qui aurait traversé, il y a deux cents ans,
l'ancien diocèse de Cornouailles, aurait rencontré, à sa partie
centrale, un village de chétive apparence, situé non loin des
bords du Blavet, sur les limites du diocèse de Vannes (1). Il
eût vu là, à l'ombre de grands ifs, une modeste église autour
de laquelle se groupaient de misérables chaumières; au delà,
pour unique horizon, des terrains vagues et nus, où ne crois-
sait que la bruyère, et, dans ces landes sans fin, quelques
sentiers étroits et rocailleux conduisant aux hameaux voisins.

Plouguernével, en breton *Plou-guer-neve, le peuple de la
Ville-Neuve,* formait pourtant un des bénéfices importants de
l'Evêché de Quimper. La paroisse, qui était à la présentation
de l'évêque, produisait un revenu de 2,400 livres, et le nombre des communiants était de 15 à 1,600, sans compter les
trèves de Saint-Gilles de Gouarec, de Bonen et de Locmaria (2) qui avaient chacune leur église, leur cimetière et leur
baptistère.

---

(1) Mellionnec et Plélauff, paroisses limitrophes de Plouguernével, faisaient
alors partie de l'évêché de Vannes.

(2) Archives de Quimper, état du personnel de la paroisse de Plouguernével,
1775-1790; cahier de visites de la Haute-Cornouaille.

Plouguernével possédait aussi quelques chapelles rurales : Saint-David, Saint-Thau, Notre-Dame de La Fosse, Saint-Thénénan, Kergrist-al-lan, formaient autour de l'église-mère comme une ceinture de pieux sanctuaires, bien pauvres sans doute, mais chers aux habitants de ces différents quartiers.

La chapelle de Locmaria, fort pauvre elle-même, se faisait pourtant remarquer par un charmant clocher à jour, qui était admiré comme l'un des plus gracieux monuments de notre pays. Abattu de nos jours par une tempête, ce bijou d'architecture n'a pu, hélas! être relevé de ses ruines.

Avec toutes ces annexes, la paroisse de Plouguernével occupait un vaste territoire; mais nous avons déjà fait observer qu'elle s'étendait en grande partie sur des landes stériles et inhabitées. Nous devons ajouter, ce qui est plus triste à dire, que les âmes y étaient aussi incultes que la terre. L'ignorance y avait engendré la corruption des mœurs, et l'on aurait pu appliquer à ses habitants la note sévère que le Père Maunoir infligeait à certaines paroisses de la Cornouaille, desquelles il disait : *Pecudum more vivebant* (1).

Cet état de dégradation était le résultat de la situation générale de la Bretagne à la suite des guerres de religion. En plein dix-septième siècle, lorsque la gloire du grand roi rayonnait sur toute la France, cette malheureuse province, après un passé si glorieux, et malgré le zèle de ses évêques (2) et de ses apôtres (3), semblait revenue à la barbarie d'où le christianisme l'avait retirée. *On eût dit un désert*, où campaient quelques sauvages. *Cette pauvre Bretagne*, écrivait le chanoine Moreau, *elle a été bien désolée, et ce, en punition des hommes qui y étaient si débordés, que l'on n'y savait plus prier Dieu que par manière d'acquit.*

Le peuple, il est vrai, conservait encore quelques restes de foi; mais il alliait les pratiques de la religion aux superstitions les plus absurdes; et dans certaines contrées, on trou-

---

(1) Ils vivaient comme des animaux.

(2) Nos seigneurs du Louët et de Coëtlogon, évêques de Quimper, Denis de la Barde, de Saint-Brieuc, Balthasar ngier, de Tréguier.

(3) Michel Le Nobletz, le P. Maunoir, MM. de Trémaria et de Kérizac, etc.

vait même un véritable culte rendu au démon sous des formes monstrueuses; ce que les missionnaires du temps appelaient l'*iniquité de la montagne*.

Que Plouguernével ait participé dans une large mesure à ces vices qui déshonoraient alors toute la Bretagne, on ne devra pas s'en étonner, quand on considérera que cette paroisse était comme perdue au milieu d'un désert, éloignée de tout centre tant soit peu important, et privée de toute maison d'éducation. Quimper, Vannes, Saint-Brieuc, avaient, il est vrai, leurs collèges; mais ces villes étaient à quinze et vingt lieues de distance, et les chemins manquaient pour s'y rendre. Les familles nobles auraient pu à grand' peine y conduire leurs enfants. Quant au peuple, il était réduit à laisser les siens croître dans une ignorance complète, à la faveur de laquelle le démon exerçait sur les âmes le plus déplorable empire.

Mais la Providence avait placé à Plouguernével un de ces prêtres que Dieu suscite quand il veut régénérer un pays. Contemporain, compatriote et ami du vénérable Julien Maunoir (1), messire Maurice Picot gémissait de la situation lamentable de sa paroisse; et plus d'une fois, sans doute, le pasteur épancha ses peines dans le sein du pieux missionnaire, qu'il accompagnait souvent dans ses courses évangéliques. Tous deux reconnaissaient que le grand mal était l'ignorance religieuse du peuple; et, à leurs yeux, ce défaut provenait de ce que le clergé, ignorant lui-même, n'était plus à la hauteur de sa mission. Il fallait donc, à l'exemple de M. Olier et de Vincent de Paul, commencer par régénérer le clergé par l'exercice du zèle apostolique, et lui faire reconquérir par la puissance morale de ses vertus la place que lui avait fait perdre l'oubli de ses devoirs; or, pour atteindre ce but, il était indispensable de procurer aux prêtres un moyen d'acquérir la science ecclésiastique et de se préparer en même temps à ce beau ministère des missions qui tranforment les peuples.

(1) Ils étaient l'un et l'autre originaires du diocèse de Rennes.

C'est de cette pensée divinement féconde qu'est sortie la plus belle œuvre que le zèle sacerdotal ait inspirée dans notre Cornouaille, celle qui a le plus contribué à y conserver la foi, et qui a donné à notre clergé breton cet ascendant dont les révolutions ont essayé en vain jusqu'ici de le déposséder ; je veux dire la fondation du Petit Séminaire de Plouguernével.

L'histoire de cette fondation, qui offrirait un si grand intérêt, n'a pas encore été faite ; sans doute parce que les matériaux manquaient. En effet, il se fit chez nous, à l'époque de la Révolution, un tel gaspillage des papiers intéressant les églises et les maisons religieuses, que nos archives diocésaines et départementales ne peuvent aujourd'hui nous fournir que très peu de renseignements sur le Petit Séminaire de Plouguernével.

Nous possédons cependant un document très précieux, ayant pour titre : *Histoire des Séminaires de Cornouailles.*

Ce manuscrit, sauvé du naufrage, avait passé en des mains étrangères, lorsque, par un heureux hasard, il rentra, il y a quelques années, dans les archives du Petit Séminaire de Plouguernével. Il revenait ainsi à sa destination, car on lit, en tête du premier feuillet, ces mots d'une écriture différente de celle de la copie, mais paraissant de la même époque : *Pour M. le Supérieur du Collège de Plouguernével. Un Polonais partant pour sa patrie.*

Quel était ce Polonais ? Quelles avaient pu être ses relations avec notre Petit Séminaire ? Quelle part avait-il eue à la conservation de ce manuscrit ? Nous ne saurions le dire.

Quant au manuscrit lui-même, il ne porte ni date, ni signature. On apprend seulement par le contexte qu'il est l'œuvre d'un directeur du Séminaire de Quimper, et qu'il ne fut composé qu'après l'année 1785.

Une note écrite à la dernière page porte ce qui suit :

« Il résulte d'un extrait du registre des délibérations du
« directoire du district de Rostrenen (séance du 17 septembre
« 1791) envoyé au département, que le manuscrit intitulé :
« *Histoire des Séminaires de Cornouailles*, dont la copie
« exacte, ci-dessous, fut déposée au directoire dudit district,

« par M. Le Pennec, agissant en sa qualité de procureur du
« Séminaire de Plouguernével, et au nom du Supérieur et
« autres membres de cette Maison.

« Il n'est pas écrit de la main de son auteur, mais il n'en
« est pas moins authentique, vu qu'il a dû être revisé par
« lui ; car les tableaux des Supérieurs et les notes faites en
« marges sont certainement de son écriture. Il est à regretter
« que cette histoire, ou n'a pas été continuée par son auteur,
« ou que les autres cahiers sur lesquels elle a pu être écrite
« n'ont pas été réunis à celui qui se trouve déposé à la pré-
« fecture ; mais ce qui est positif, c'est qu'ils ne se trouvent
« pas aux archives, non plus qu'aucun autre document qui
« puisse servir pour sa continuation. »

En publiant ce précieux document, nous nous ferons un
devoir de le reproduire fidèlement et intégralement, conservant
le texte et les notes dans l'ordre et la forme adoptés par l'auteur.
Du reste, nous ne pourrions avoir la prétention de faire mieux.
Toutes les vicissitudes subies par le nouvel établissement
pendant une période de trente années, aussi bien que le
dévouement des hommes qui l'ont dirigé à son origine, sont
décrits dans ce style ferme et sobre sorti de notre belle école
française du xviiᵉ siècle ; et malgré leur caractère local et tout
intime, les détails donnés par l'écrivain nous paraissent de
nature à intéresser ceux qui les liront, comme ils nous ont
intéressé nous-même.

A. C.

HISTOIRE

DES SÉMINAIRES DE CORNOUAILLE

PRÉFACE

L'histoire des Séminaires de Cornouaille est un objet peu intéressant pour le public. Mais ce n'est pas une chose indifférente pour le clergé du Diocèse, et surtout pour les prêtres qui sont chargés du gouvernement de ces séminaires ou qui le seront dans la suite.

C'est particulièrement pour ces derniers que j'ai entrepris d'écrire cette histoire. J'ai cru qu'ils la verraient avec plaisir, si elle était rédigée de manière à pouvoir être lue sans contention excessive d'esprit. Je crois de plus qu'en lisant le récit de ce que la Providence d'un côté a fait pour former et perfectionner cet établissement, et ce qu'ont fait de l'autre côté nos prédécesseurs pour correspondre aux vues de cette Providence bienfaisante, ils pourront connaître plus aisément et plus distinctement l'esprit de leur vocation particulière au gouvernement desdits séminaires, ils estimeront davantage cette vocation précieuse, et travailleront avec plus de zèle à en remplir tous les devoirs.

Je suis bien éloigné de penser que la rédaction de cette histoire que je leur présente ici soit un ouvrage achevé. Mais quelque imparfait qu'il soit il m'a beaucoup coûté. Car pour le faire il m'a fallu lire un très grand nombre d'anciens titres ou mémoires qui sont quelquefois plus difficiles à déchiffrer ou à entendre qu'ils ne sont instructifs. Il m'a fallu examiner, suivant les règles de la critique, plusieurs des faits que j'ai trouvés dans ces anciens papiers et rapportés, quelquefois sans date, et quelquefois sous des dates fausses ou avec des circonstances apocryphes. Il m'a fallu éclaircir d'autres points qui ne sont parvenus jusqu'à nous que par la voie d'une tradition orale, qui, quoiqu'elle soit une règle sûre pour les faits notoires et éclatants, ne l'est pas toujours pour les circonstances particulières de ces mêmes faits, ni moins encore pour certains faits particuliers passés dans le secret de la maison et intra privatos parietes, s'il est permis de parler ainsi.

Nos prédécesseurs nous auraient rendu un grand service, s'ils avaient été plus attentifs à faire, dans leurs tems, sinon des journaux bien circonstanciés, du moins des mémoires un peu détaillés, pour servir à l'histoire de leurs maisons.

Mais la plupart d'entre eux se sont contentés de voir les événements tels qu'ils se faisaient sous leurs yeux, d'écouter avec curiosité et édification ce que leurs devanciers leur disaient sur les faits antérieurs et de le raconter les uns et les autres à ceux de leurs confrères qui étaient plus jeunes qu'eux, sans penser à les consigner par écrit.

Il y en a cependant eu trois qui ont laissé des notes manuscrites sur l'histoire des séminaires. Je n'ai pas pu découvrir le nom du premier de ces rédacteurs, mais j'ai vu avec plaisir que sa relation est très exacte pour les faits et pour les dates ; malheureusement elle est trop courte. Elle ne va que jusqu'au 10 février 1769.

Le second de ceux qui ont écrit sur l'histoire des séminaires de Quimper, c'est M. Moulin qui fut nommé directeur de celui de Plouguernével peu après la mort du fondateur et qui a vécu jusqu'en 1738. Sa relation est très intéressante, quoiqu'elle ne soit pas toujours exacte. Il l'aurait faite dans sa vieillesse, comme on le voit par la conclusion de cette pièce qu'il adressa à M. Raoult, lors supérieur du séminaire, avec un compliment des plus flatteurs, et un détail des motifs qui l'avaient déterminé à faire la relation dont il s'agit.

« J'ai voulu (ce sont ses propres termes) écrire de ma trem-
« blante main, cet abrégé de l'état du séminaire et vous
« l'adresser : 1° Afin de laisser une faible notion, de son

« commencement, progrès et perfection. J'ai vu en partie ce
« que j'en écris et je sais le reste par ouï dire des anciens
« prêtres du séminaire. 2° Afin de faire voir la protection de
« Dieu sur lui, qui malgré tous les obstacles et tempêtes qui
« se sont élevés contre son établissement, l'a toujours sou-
« tenu. 3° Afin que le séminaire soit une preuve que le bien
« ne se fait que lentement et avec peine, mais le mal se fait
« promptement et facilement. Rien ne s'oppose au mal et le
« bien est toujours traversé. 4° Afin qu'il vous plaise et ayez
« la charité de vous souvenir de vos ancêtres, dont vous rem-
« plissez si dignement la place. Il me semble quand je vas
« presentement au séminaire et n'y voyant rien de ce que j'y
« ai vû autrefois, que l'ancien séminaire et les anciens prê-
« tres n'ont été que l'ombre et la figure de celui d'à-présent,
« qui l'emporte autant au-dessus de l'ancien, que le nouveau
« testament est au-dessus du vieux. »

Cette expression est évidemment trop forte. Il faut la par-
donner à l'auteur, qui, écrivant avec trop de feu, ne pensait
pas à mesurer ses termes, comme il l'aurait pu faire dans
une autre circonstance.

Enfin le troisième historien du séminaire (si l'on peut
donner ce nom aux Messieurs qui ont fait des notes abrégées
pour servir à son histoire), c'est M. Galloy, qui est mort en
1765. Ses mémoires sont comme la continuation de la relation de M. Moulin, mais beaucoup plus courte que celle-ci.
Ils ne font à bien dire qu'indiquer le nom des ecclésiastiques
qui ont gouverné le séminaire particulier de Quimper depuis
la mort de M. Caro jusqu'à la sienne à lui-même, avec la
date de leur entrée au séminaire, du changement de leurs
emplois, de leur sortie et de leur mort.

Outre les défauts que je viens de faire remarquer dans les
mémoires susdits, il y en a encore un qui mérite d'être
observé. Ils ne rapportent guère que les grands événements
relatifs à l'histoire du séminaire. Et j'ai cru qu'il serait utile
d'en rapporter aussi quelquefois de moins importants, quand
ils sont bien avérés. Rien à mon avis ne fait mieux connaître
le caractère des hommes, que ce qu'on les voit faire dans leur

*particulier. Dans les grandes circonstances ils agissent sou-
vent par le conseil d'autrui, et plus souvent encore avec un
appareil imposant, et quelquefois emprunté, qui cache en
quelque sorte leur génie, leur caractère, leurs motifs, au lieu
que dans le détail de leur vie privée, c'est l'homme qui parait,
pour ainsi dire, à découvert et tel qu'il est.*

*Au reste en suivant ce plan, je ne puis que contribuer à
honorer la mémoire de la plupart des ecclésiastiques dont
j'aurai occasion de parler. Car on peut dire d'eux ce qu'on
dit quelquefois de certaines personnes de grand mérite, qu'ils
ne peuvent que gagner à être bien connus. On peut ajouter
aussi que l'avantage ne sera pas pour eux seuls. Plus on
étudie ces respectables prêtres, et plus ils paraissent à leurs
successeurs dignes d'être imités par eux.*

*J'avoue cependant que quelquefois on remarque en eux
des traits qu'on voudrait ne pas voir. Mais la vérité qui doit
être le vrai caractère de l'histoire et de l'historien, ne permet
pas de les taire. Nihil falsi audeat, nihil veri non audeat.*

*On sera peut-être étonné, même un peu scandalisé, que je
rapporte jusqu'aux fautes de mes héros. Mais on me le par-
donnera, à la réflection, quand on considérera :*

*1º Que ce n'est pas un panégyrique que j'ai voulu faire,
mais une vraie histoire, et qu'il est de l'essence de l'histoire,
comme je viens de l'observer, de représenter les choses telles
qu'elles sont, et de faire des portraits fidèles et non pas des
tableaux d'imagination. Cette pensée est de saint Jérôme, de
même que la suivante : Testor me, dit saint Jérôme, en faisant l'éloge de sainte Paule, me nihil fingere, sed quasi Chris-
tianum, de christiana quæ sunt visa proferre, id est, historiam scribere, non panegyricum : et illius vitia aliorum esse
virtutes.*

*2º Que les fautes que je ferai remarquer dans mes prédé-
cesseurs, sont des fautes si légères, qu'on peut les regarder
comme des faiblesses de l'humanité, plutôt que comme des
vices essentiels. Il y a même quelques-unes de ces fautes
qu'on regarderait comme des vertus ou des actes de vertu
dans certaines autres personnes. Sans pousser trop loin la*

flatterie on peut appliquer à ce sujet ce que disait autrefois saint Jérôme au sujet de la tristesse excessive et de l'esprit de mélancolie de sainte Paule, que ce défaut aurait pu passer pour vertu dans d'autres,

3° Enfin il me semble que les fautes légères qu'on impute à nos devanciers, sont plus propres à nous consoler, qu'à nous scandaliser. Car d'un côté, on sait que les saints étaient des hommes comme nous, non præstantioris naturæ, dit saint Léon ; et de l'autre, quand on les voit quelquefois faire des fautes, on est naturellement et légitimement porté à les imputer à la fragilité humaine seulement, plutôt qu'à la malice de leur cœur. La conséquence qui résulte d'abord de là et qui se présente la première à l'esprit, c'est que la sainteté ne met pas les hommes à l'abri de toutes les misères, même spirituelles, et que si nous en éprouvons quelques-unes, ce n'est pas une raison pour nous de nous décourager, puisque les saints ne l'ont pas fait en éprouvant les mêmes misères ; mais plutôt de veiller avec plus d'attention sur nous-mêmes pour éviter de nouvelles chûtes.

Au reste, quand je donne à mes devanciers le titre de saints prêtres, cela signifie uniquement que j'ai regardé la plupart d'entr'eux comme des prêtres solidement vertueux ; et j'espère que les faits que je vais rapporter, seront une justification suffisante et authentique de cette opinion.

HISTOIRE

DES SÉMINAIRES DE CORNOUAILLE

~~~~~~~~~

LIVRE PREMIER

Le fondateur des Séminaires de Cornouaille, c'est Maurice Picot, né à Vitré dans la Haute-Bretagne vers le commencement du XVII⁰ siècle. Les mémoires que j'ai vus ne parlent presque point de sa famille. Quelques-uns cependant lui donnent la qualité de noble. On sait d'ailleurs qu'un de ses neveux épousa une demoiselle de Plouguernével, qui avait la propriété de la terre de Coathual (où depuis a été bâti le château de ce nom), et que de ce mariage sont issus les Coathual d'aujourd'hui qui tiennent dans la province un rang distingué.

Plusieurs des actes que je viens de citer donnent à M. M. Picot le titre de bachelier en théologie : ils ne disent pas en quelle Université il avait pris ce grade, mais il est à présumer que ce fut dans celle de Paris.

Ces mêmes actes prouvent qu'il fut recteur de Plouguernével, et M. Moulin assure qu'il avait eu cette paroisse en cour de Rome et qu'il la gouverna quarante ans. On peut conclure de là que M. Picot fit le voyage de Rome, tôt après qu'il eût reçu l'ordre de prêtrise.

Le même M. Moulin rapporte une anecdote singulière au sujet de M. Picot, pendant qu'il était recteur de Plouguernével et avant qu'il fût devenu fondateur des séminaires du diocèse. Quoique cette anecdote soit un peu étrangère à mon but, je crois cependant devoir transcrire ici, en propres termes, ce qu'en dit M. Moulin.

« On sait, dit cet ecclésiastique, que le bourg de Plouguer-
« névcl n'est rien. Un honnête homme n'y trouverait pas de
« logement. Il n'y a point de cabaret dans le bourg, qu'un
« très pauvre, qui, la plupart du temps, est sans vin. Des
« personnes de considération y descendirent pour se rafraî-
« chir et donner de l'avoine à leurs chevaux. Le cabaretier
« n'ayant point de vin, courut au presbytère, et demanda
« deux bouteilles de vin à M. le Recteur qui les lui donna.
« Les maltotiers arrivèrent, et l'hôte fut pris en fraude,
« et attaquèrent M. Picot, comme d'intelligence avec lui.
« M. Picot perdit son procès avec les maltotiers, à Vannes et à
« Rennes, mais il le gagna en privé conseil où son innocence
« et sa bonne foi furent reconnues. »

Il arriva encore à M. Picot, avant qu'il devînt fondateur,
une autre affliction plus sérieuse, à beaucoup d'égards, que
celle que lui occasionna le procès dont je viens de parler.
C'est la perte d'un de ses yeux. J'ai appris ce fait d'un des
directeurs actuels du Séminaire de Plouguernével. Voici ce
qu'il en a dit dans une lettre qu'il m'a écrite le 8 juin 1785 :

« On m'a assuré que M. Picot était borgne. Voici comme
« cet accident lui arriva. Il allait de nuit voir un malade dans
« cette paroisse. Passant trop près d'un fossé, une branche
« d'épine lui donna dans le visage et lui piqua un œil, qu'il
« ne tarda pas à perdre. Cet accident est antérieur à la fon-
« dation. Dans cette paroisse, on appelait communément
« M. Picot *ar person born*. Je n'ai que la tradition pour ga-
« rantir ce que j'avance. »

Une troisième affliction incomparablement plus désolante
que celle dont on vient de faire le récit, fut l'assassinat de
son neveu, que nous avons déjà dit avoir épousé la dame de
Coathual. Ce crime eut pour principal auteur un domestique à qui M. Picot (le neveu) eut l'indiscrétion de dire, la
veille, qu'il avait de l'argent à porter à Saint-Brieuc, et
qu'il voulait partir le lendemain de grand matin pour cela.
Ce domestique, qui était son jardinier, devait être du voyage
et avait ordre de son maître de l'aller éveiller de bonne
heure. Il se servit du prétexte de cet ordre pour entrer pen-

dant la nuit dans la chambre de son maître, qui s'apercevant en le voyant entrer qu'il était venu trop tôt, le lui témoigna sans émotion, et sans paraître suspecter le moins du monde le dessein du jardinier. Mais il ne tarda pas à voir que ce jardinier était un malheureux traître, qui ne pensait qu'à le voler et à le faire périr. Car cet homme se jeta sur lui, au moment même, et le perça de plusieurs coups dont il mourut.

Non content d'assassiner si cruellement son maître, le meurtrier voulut aussi faire subir le même sort à sa maîtresse. Il lui porta plusieurs coups de couteau ou de poignard dans le sein. Mais, heureusement, ces coups ne furent pas mortels. La dame en revint malgré les efforts du meurtrier et le chagrin que lui occasionna la mort funeste de son mari.

Des crimes si énormes ne devaient pas rester impunis. L'assassin et ses complices furent découverts et appréhendés, et l'on assure que ce fut à l'instigation du recteur même. Peu de temps après, ils furent condamnés au dernier supplice.

Tandis que leur procès s'instruisait, Mme de Coathual, dont la convalescence était déjà avancée en ce moment, fut appelée en témoignage. Elle obéit à la justice; mais son obéissance lui coûta cher. Car on assure que la vue, soit du juge, soit des coupables, fit sur elle une sensation si forte, que ses plaies dont les cicatrices étaient encore fraîches se rouvrirent toutes en même temps.

Elle revint encore de ce nouvel accident. Elle s'appliqua ensuite à l'éducation d'un fils qui lui était resté de son mariage avec M. Picot. Cet enfant était pour ainsi dire à la mamelle quand il perdit son père. Il couchait dans la chambre de ce dernier, quand il fut assassiné. Mais quoi qu'il fût éveillé au moment où le meurtrier entra, ou au moins avant sa sortie de la chambre, il n'eut aucun mal. Le meurtrier eut apparemment un reste de pitié de son âge, qui était de deux ou trois ans seulement. Peut-être aussi fut-il sensible aux caresses que lui fit ce tendre enfant qui, habitué à le

voir souvent, et à jouer avec lui, continua, quand il le vit, à
lui faire des caresses, comme il avait eu coutume de faire
jusque-là.

Vers le temps où arriva le malheur dont je viens de faire
le récit, ou tôt après, M. Picot eut encore une autre affliction
à dévorer. Ce fut une espèce de diffamation publique, qui ne
tendait à rien moins qu'à le faire regarder comme un avare;
reproche qui assurément est bien humiliant pour un prêtre (1). Il faut avouer que pendant plusieurs années, il donna
prise sur lui de ce côté-là, en vivant très mesquinement, en
réservant ses bleds pour les vendre dans le tems de la cherté,
et en employant une bonne partie de son revenu ecclésiastique à faire des acquisitions dans la paroisse, où il acquit,
entre autres biens, les terres ou métairies de Kerdéven, de
Kerjacob, de Kerphilippe et de Kergall. Mais la suite fit voir
qu'en faisant des réserves ou des acquets, il avait d'autres
desseins que celui qu'on lui attribuait, d'amasser de grands
biens pour lui-même ou pour sa famille.

Il avait en effet formé le projet d'établir dans le diocèse
de Quimper un séminaire conformément aux dispositions du
S. Concile de Trente (v. p. 23, ch. 18 de reform.,) adoptées
par nos rois. Dès qu'il eût préparé les matériaux qu'il croyait
suffisants pour commencer le grand édifice, il fit le voyage
de Quimper pour faire part de son dessein à M. de
Coëtlogon, qui, après avoir été coadjuteur de M. du Louët,
venait de lui succéder. M. de Coëtlogon qui vraisemblablement ne croyait pas M. Picot assez riche ou assez généreux
pour fonder un établissement si dispendieux, lui dit comme
en plaisantant, après avoir entendu un exposé sommaire de
son projet : « *Vous avez apparemment, M. le recteur, un*
« *millier d'écus à m'offrir pour exécuter votre projet, mais*
« *il faudrait vingt mille livres pour cela. — Eh bien, Monsei-*
« *gneur, répliqua M. Picot sans hésiter, j'ai vingt-quatre*

(1) On dit de plus que M. Picot, quand il venait à Quimper, portait avec
lui de l'avoine pour son cheval, afin de n'être pas obligé d'en acheter pour
lui dans les auberges.

« *mille francs à vous donner.* » L'évêque ayant paru con-
« tent de cette réponse, M. Picot lui présenta le jour même
« et vraisemblablement au même instant, une requête en
« forme dont voici la teneur avec l'acceptation pure et simple
« qu'en fit l'évêque le même jour.

« A Monseigneur,

« Remontre à votre Grandeur Messire Maurice Picot,
« prêtre, bachelier en théologie et recteur de la paroisse
« de Plouguernével, en votre diocèse, qu'ayant depuis long-
« temps dessein de contribuer à l'établissement d'un Sémi-
« naire... supplie humblement ledit Picot Votre Grandeur
« d'agréer et de recevoir le don qu'il fait tant en héritages
« qu'en deniers, jusqu'à la concurrence de vingt quatre mille
« livres, en faveur des missionnaires qui seront par Votre
« Grandeur établis au bourg paroissial de Plouguernével et
« non ailleurs, lesquels missionnaires vous établirez sur la
« présentation que vous en fera ledit Picot, pendant sa vie seu-
« lement, et après son décès la communauté que vous aurez
« établie, tant pour les exercices des ordinands, missions et
« retraites, que pour former le clergé de votre diocèse, caté-
« chiser et instruire les peuples. Lequel don ledit Picot
« entend être employé à la construction et entretien du Sémi-
« naire audit bourg de Plouguernével, où seront nourris et
« entretenus à perpétuité dix prêtres missionnaires, pour
« travailler aux nécessités de Votre diocèse, suivant l'emploi
« et mission que Votre Grandeur et ses successeurs à l'avenir
« leur désigneront. Lesquels missionnaires sauront l'idiôme
« breton et vulgaire et seront immédiatement dépendants des
« seigneurs évêques de Cornouaille, par eux institués et
« amovibles, et à eux comptables du temporel dudit Sémi-
« naire.
« Ce considéré, vous plaise, mondit Seigneur, d'y pourvoir
« et recevoir ladite requête à la gloire de Dieu et de Votre
« église.   Signé : Maurice Picot.
« Au-dessous on lit : « Nous acceptons la dite requête sui-

« vant sa teneur. Fait dans notre palais épiscopal de Quim-
« per-Corentin le neuvième janvier mil six cent soixante-
« neuf. » Signé : François, évêque de Cornouaille; et plus
« bas: Jean Callier, secrétaire-prêtre. »

M. Picot, après avoir obtenu cette acceptation générale, fit
le même jour rédiger par des notaires de la sénéchaussée
de Quimper l'acte de sa donation, où il désigna de la manière
ordinaire les biens particuliers qu'il destinait pour la bonne
œuvre. Lesquels biens étaient : 1º Tous les immeubles qu'il
avait acquis dans la paroisse de Plouguernével, et entre autres, la maison noble de Kerphilipe, le moulin de Resminguy
dépendant de la terre de Kerdeven, et la métairie de Kergall.
Le donateur cependant réserve, en parlant de cette dernière,
à lui et à ses héritiers, le droit de la racquitter pour une somme
de 2,000 francs, une fois payée. 2º Une somme de 8000 francs
en argent qu'il destinait pour la construction des bâtiments
du Séminaire et qu'il promettait de numérer à la Saint-
Michel suivante prochainement. 3º Enfin toute sa bibliothèque, ou ses livres avec les presses faites pour les conserver,
c'est à dire apparemment avec les armoires en forme de
bibliothèque où ils étaient placés.

Cet acte fut insinué le 29 du même mois de janvier 1669 à
Hennebont, sans doute parce que les biens y spécifiés étaient
sous le ressort de la juridiction royale de cette ville.

Quatre jours après cette époque, le 2 février, jour de la
Purification de la Sainte Vierge, M. Picot fit assembler les
délibérants de sa paroisse, pour leur déclarer qu'il ne met-
trait point à exécution une sentence sur défaut qu'il venait
d'obtenir contre eux au siège de Hennebont, pour les obliger
à réparer le presbytère et ses dépendances, si, de leur côté,
ils voulaient s'engager à lui fournir, dans le courant des deux
années prochaines, à commencer de jour à autre, dix journées
de charroi, par chaque convenant ou lieu noble de la paroisse
et des trèves. Cette proposition ayant été acceptée unanime-
ment, on en dressa acte le jour même.

Le lendemain ou le surlendemain, M. Picot fit un second
voyage à Quimper où, selon toutes les apparences, il était

appelé par M. l'Evêque, qui, tôt après avoir accepté purement
et simplement ses premières offres, s'était repenti, non pas
sans doute d'avoir autorisé le projet de la fondation elle-
même, mais de l'avoir autorisé avec toutes les clauses qu'il
contenait indistinctement. Depuis cette acceptation, il avait
pensé que Plouguernével étant à treize lieues de Quimper,
il n'était pas possible qu'il allât faire les ordinations à Plouguernével, ni qu'il en fît venir les ordinands à Quimper pour
recevoir les ordres ; que l'esprit de l'Eglise était que le séminaire, au moins le séminaire principal, fût sous les yeux de
l'Evêque ; que le vrai bien demandait d'ailleurs que la nomination des Supérieurs et Directeurs du séminaire appartînt
absolument à l'Evêque ; que... etc.

Ces considérations parurent à M. de Coëtlogon mériter une
attention particulière, et effectivement elles étaient bien judi-
cieuses, quoique peut-être un peu tardives. Le prélat crut
devoir les communiquer au fondateur, qui, plus jaloux
de procurer le vrai bien que de suivre avec obstination ses
propres idées, sacrifia généreusement celles-ci pour favoriser
celui-là. Il fit, pour constater ses intentions sur ce point, un
acte par devant notaires, où, dérogeant aux clauses ci-dessus,
il consentit : 1° à ce qu'au lieu d'une seule maison, on en fît
deux, l'une à Plouguernével, l'autre à Quimper ou auprès
de Quimper, entre lesquelles maisons seraient partagés les
dix prêtres destinés pour l'exécution du premier projet, de
même que les revenus, de manière cependant que lesdites
deux maisons, dont celle de Quimper serait la principale, ne
seraient censées faire qu'un seul et même Séminaire. 2° à ce
que l'Evêque et ses successeurs auraient à perpétuité le droit
exclusif de nommer les Supérieurs et Directeurs des deux
maisons, de les congédier quand ils le jugeraient convenable
ou de les tranférer d'une des dites maisons à l'autre. L'acte
où M. Picot fait ses arrangements est du 6 février 1669 ; il
fut insinué à Hennebont le 1er mars suivant.

Tout étant ainsi disposé pour l'érection du Séminaire,
M. de Coëtlogon en porta le décret authentiquement le 28
août de la même année, d'après le plan ci-dessus, en se

2

réservant formellement à lui et à ses successeurs, le droit de choisir qui ils voudraient pour diriger le Séminaire, même des ecclésiastiques extra-provincionnaires, s'ils le jugeaient expédient. Par le même acte, l'Evêque nomme pour premier Supérieur dudit Séminaire, Messire Henry Abgrall, ancien recteur de Penhars, et lui enjoint, en le nommant, d'accepter de nouveau pour le Séminaire les donations faites en sa faveur par M. Picot, et l'autorise à accepter de nouvelles donations pour le même Séminaire, si l'occasion s'en présentait. A la fin du même acte, M. de Coëtlogon annonce qu'il s'occupera incessamment du soin de faire les règlements convenables (1) pour ledit séminaire, *tant pour le gouvernement intérieur et pour l'exercice des missions que pour...* etc.

Neuf jours après ce décret, M. Abgrall, pour obéir aux ordres de Sa Grandeur, fit l'acte d'acceptation des donations faites par M. Picot ; cet acte est du 7 septembre 1669.

Tandis que les choses avançaient ainsi à Quimper, M. Picot pressait vivement à Plouguernével les ouvrages qu'il y avait fait commencer. Il y travailla avec tant d'activité, que dans le courant de l'année suivante, les bâtiments étaient en état de loger les prêtres pour lesquels ils étaient destinés, comme le suppose un des procès-verbaux relatifs à l'union de la paroisse au Séminaire.

Il n'est pas croyable que M. Picot eût pu faire tant d'ouvrage, et en si peu de temps, avec la somme de 8,000 livres qu'il avait promise en argent, par l'acte du 9 janvier 1669. Il semble que l'œuvre de main, seule, eût dû coûter au-delà de cette somme, et de là il est naturel de conclure, ou qu'il eut par ailleurs des amis assez généreux pour contribuer à la bonne œuvre, ou qu'il suppléa de sa propre bourse, en donnant de ses propres deniers, au-delà de la somme de 8,000 livres. Ce qu'il y a de certain, c'est que M. Moulin dit en termes formels, *que le fondateur prit sur ses terres les bois et les pierres* nécessaires pour la construction des édifices de Plouguernével. Ce qui donne à penser, que s'il ne

(1) Si ces règlements ont jamais été faits, ils se sont perdus.

dònna pas en espèces au-delà de 8,000 livres, il donna, au moins en valeur, beaucoup au-delà de cette somme.

Quoi qu'il en soit, dès que tout fut prêt pour recevoir les prêtres qui devaient diriger le Séminaire, M. Picot y fit venir, du consentement de M. l'Evêque, et sans doute de concert avec M. Abgrall, un bon nombre d'ecclésiastiques, qui tous, ou presque tous, avaient demeuré à la Maison-Blanche, entre la Tourbie et Kerfunteun, où ils vivaient en communauté, à savoir : Yves Lahuëc, Pierre Porellec, Jean Haouël, et N. Paule qui était natif de Plouguernével. Les registres de cette paroisse font mention de quelques autres encore, dont le plus connu est Louis Richer, de Coatsal; mais on ne sait pas s'ils avaient été tirés, comme les précédents, de la communauté de la Maison-Blanche.

On ne sait pas non plus si tous ces prêtres furent choisis en même temps par M. Picot, pour coopérer avec lui à la direction du Séminaire. Mais on sait avec certitude que vers le temps où M. Picot s'associa ses premiers compagnons, il se démit de sa cure entre les mains de M. l'Evêque; l'acte de la démission est du 2 septembre 1670.

Dix jours après cette démission, M. Abgrall qui l'approuvait beaucoup, et qui peut-être l'avait conseillée au démettant, présenta une requête à M. l'Evêque, pour demander l'union de la cure de Plouguernével au Séminaire, *suivant l'autorité que les Saints-Conciles en donnent à nos seigneurs les évêques et que les ordonnances de nos rois leur ont conservée.* L'évêque répondit à cette supplique par un *soit communiqué à notre promoteur*, et cinq jours après (le 17 septembre), le promoteur qui s'appelait Galerne, *requit qu'il fût informé de la commodité ou de l'incommodité de l'union demandée par le supérieur du Séminaire.*

Sur cette réquisition, on nomma un commissaire pour informer sur les lieux *de commodo et incommodo*, et ce commissaire fut Claude Rolland, licencié en Droit, et recteur de Bothoa, qui s'étant transporté à Plouguernével, y entendit, le 16 octobre, huit témoins, dont sept étaient ecclésiastiques du diocèse, et un du diocèse de Vannes. Celui-ci s'appelait

Yves Manio et était recteur de Plélauff, qui confine avec la paroisse de Plouguernével.

Huit jours après cette information, qui fut bien favorable à l'union projetée, M. Picot qui se trouvait à Quimper, s'arrangea à l'amiable avec MM. du Chapitre qui faisaient difficulté de consentir à ladite union, à cause du droit d'annate qu'ils prétendaient sur les paroisses du diocèse, lors de leur vacance, et qu'ils craignaient de perdre sur celle de Plouguernével, en cas d'union des revenus de cette paroisse au Séminaire. Il fut convenu entre les parties, que le Séminaire payerait annuellement à chaque synode une somme de vingt livres à la fabrique de Saint-Corentin, comme une espèce d'indemnité pour la perte des avantages que pouvait procurer à la cathédrale le susdit droit d'annate qui allait cesser par l'union si elle avait lieu.

Le lendemain (25 novembre) il se fit à Quimper une seconde information *de commodo et incommodo*, par le ministère de M. Julien-Jean Guesdon, chanoine de la cathédrale et vicaire-général de l'évêque. Le procès-verbal contient six dépositions qui sont toutes comme les précédentes en faveur de l'union. Le promoteur à qui elles furent soumises le même jour, donna ses conclusions, et deux jours après, l'évêque porta son décret pour ladite union.

L'évêque fit après ce décret les premières démarches pour obtenir du roi des lettres patentes, confirmation de l'union. Mais après ces démarches, son zèle parut se ralentir.

M. Picot qui s'en apercevait, en gémissait avec d'autant plus de chagrin, qu'il n'avait à la cour aucune protection qui pût remédier efficacement au mal qui provenait de l'inaction de M. de Coëtlogon et du crédit de ses ennemis. Il n'avait de relation à Paris qu'avec M. Paillard, docteur de Sorbonne, qui demeurait au Séminaire de Saint-Nicolas du Chardonnet, où il enseignait actuellement la théologie, c'est-à-dire qui y faisait des conférences de théologie. M. Moulin dit cependant que M. Picot avait encore un autre ami dans la capitale, M. Rannou, qui y étudiait alors à l'université. Mais ce second fait est un peu douteux; et ce qui me fait en douter, c'est

que j'ai sous les yeux l'attestation que donna, en 1676, le
recteur de l'université à M. Rannou, pour certifier qu'il avait
fait son cours de philosophie au collège Duplessix. Cette
attestation semble supposer que M. Rannou n'était pas encore
à Paris en 1670, ni même en 1671 (1).

Quoiqu'il en soit, on comprend aisément que des amis tels
que ceux dont il s'agit (quand même ils auraient réuni tous
leurs efforts pour aider M. Picot), étaient pour lui une ressource
bien faible, à prendre les choses humainement. Aussi
M. Moulin remarque que, quoiqu'ils allassent quelquefois à
la Chancellerie pour solliciter l'expédition des lettres-patentes
que M. Picot désirait si ardemment, leurs démarches étaient
toujours inutiles.

La Providence se servit cependant enfin d'un des ecclésiastiques susdits, pour procurer à M. Picot la satisfaction
qu'il souhaitait. Et voici, en abrégé, l'histoire de ce fait qui
a quelque chose de singulier.

Il y avait dans le diocèse de Paris, un curé dont nos
anciens messieurs ne disent pas le nom, ils disent seulement
qu'il était Breton.

M. Paillard qui le connaissait beaucoup, allait de temps en
temps le voir, et lui parlait un jour, avec un air qui marquait
sa peine et son chagrin, de ce qui se passait à Quimper au
sujet de l'érection du Séminaire. Le curé ayant paru prendre
beaucoup d'intérêt à cette affaire, elle devint le sujet ordinaire
de ses entretiens avec M. Paillard, toutes les fois qu'ils se
voyaient.

Après bien des conversations sur cet objet, le curé crut
pouvoir et peut-être devoir en parler au duc de Montausier,
gouverneur du dauphin, qui venait quelquefois dans cette
paroisse où il avait un château. Le duc qui était un des plus
honnêtes gens du royaume, et qui d'ailleurs aimait particulièrement son curé, écouta avec bonté le récit que lui fit

(1) J'ai trouvé depuis peu les lettres de prêtrise de M. Rannou, datées
de Paris, du 10 mars 1674. On peut inférer de là que M. Rannou fit le
voyage de Paris, étant déjà dans les Ordres sacrés en 1672 ou 1673.

celui-ci et lui demanda dans le détail de la conversation ce qui empêchait l'expédition des lettres patentes qu'on demandait. Le curé lui répondit avec franchise que c'étaient les Jésuites (1) qui s'y opposaient. *C'est là le diable*, répliqua avec plus de franchise encore le duc de Montausier. Ce mot du duc donne lieu de penser qu'il croyait l'obstacle difficile à surmonter. Mais il ne se rebuta pas pour cela. Il promit d'employer ses bons offices à la cour pour faire réussir l'affaire au gré de son curé et de ses amis. Il tint parole, et par la médiation du dauphin, son élève, qui avait alors dix ans, il fit expédier par M. Seguier, alors chancelier, des lettres patentes plus favorables peut-être que M. Picot n'aurait osé l'espérer. Car non seulement elles confirmaient l'établissement du Séminaire, mais encore elles portaient une remise pleine et entière de tous les droits dûs au roi pour les biens sur lesquels le séminaire était ou devait être établi. Ces lettres patentes sont datées de Saint-Germain-en-Laye, au mois de mars 1671.

Il semblait qu'après l'obtention de ces lettres M. Picot devait s'attendre à voir cesser toutes les contradictions, mais il n'en fut pas ainsi. Le parlement de Bretagne prévenu vraisemblablement par les ennemis du Séminaire naissant, à qui apparemment ses premiers commencements faisaient ombrage, n'enregistra les lettres patentes qu'avec des modifications très défavorables, dont une portait que *l'établissement du Séminaire serait seulement dans la paroisse de Plouguernével*.

M. de Coëtlogon fit contre cet arrêt, qui est du 14 novembre 1671, des remontrances au roi. Mais soit négligence de sa part à poursuivre cette affaire, soit quelque autre cause que nous ne pouvons que soupçonner, les choses traînaient en longueur, lorsque M. Picot, ennuyé et fâché de ces retardements, écrivit à M. Paillard qui l'avait déjà si bien servi, pour le prier d'en conférer avec le susdit curé. M. Paillard fit ce

(1) On verra ci-après que le Père Maunoir, le plus célèbre des Jésuites de ce temps, en Bretagne, ne pensait pas là-dessus comme ses *confrères*, ou du moins quelques-uns d'entr'eux, au commencement de la fondation.

que M. Picot lui avait prescrit, et il fut convenu entre lui et le curé, son ami, qu'on emploierait une seconde fois la protection de M. le duc de Montausier. Ce qui fut fait avec tout le succès qu'on pouvait désirer. Le duc fit de nouveaux efforts à la cour et obtint, le 20 décembre 1673, des lettres de jussion pour MM. du parlement de Bretagne. Voici la teneur des lettres :

« Nous vous mandons et très expressément ordonnons par
« ces présentes signées de notre main, qui vous serviront
« de première, seconde et finale jussion, que sans attendre
« aucun plus exprès commandement de nous, vous ayez à
« lever et ôter les susdites modifications et faire jouir l'ex-
« posant (l'évêque de Quimper) du contenu en nos dites lettres
« (patentes), sans vous arrêter à votre dit arrêt ni aux causes
« et motifs d'i celui. Lequel à cet égard demeurera comme
« non avenu. Enjoignons... etc. »

Quelque précis que fussent les ordres du roi, la conclusion de l'affaire tarda encore beaucoup. L'enregistrement, tel que le voulait M. Picot, ne fut fait que le 14 août 1674. Mais quand une fois cet enregistrement fut fait, tout finit par là, à bien dire. La chambre des comptes de Nantes ne fit aucune difficulté d'enregistrer les pièces qui lui furent présentées, et telles qu'elles lui furent présentées. Ce dernier enregistrement est du 12 décembre. Onze jours après cela, M. Abgrall prit, au nom du Séminaire, possession de la cure de Plouguernével.

L'année suivante, le P. Maunoir fit à Plouguernével une mission célèbre, à la prière de M. de Coëtlogon, qui voulait par là favoriser l'établissement du Séminaire dans cette paroisse. Mais dans le temps où on se préparait à faire l'ouverture de cette mission, il survint contre les cinq prêtres dont le P. Maunoir voulait soutenir la mission, un orage extrêmement violent. Voici, en peu de mots, l'histoire de cet événement, tel que le raconte le P. Boschet dans la vie du P. Maunoir, p. 360 et suivantes (1).

(1) La relation de ce fait singulier est précédée dans la vie du Père

Les paysans de la Basse-Bretagne s'étant mis en tête qu'on allait introduire la gabelle dans leur pays, s'étaient révoltés. — Les habitants de Plouguernével ne furent pas les derniers à prendre parti dans la révolte, et, s'imaginant dans ce moment d'effervescence, voir partout la gabelle, dont vraisemblablement ils ne connaissaient que le nom, sans comprendre le vrai sens de ce mot, crurent que les cinq missionnaires que l'évêque avait envoyés à Plouguernével pour gouverner le Séminaire naissant « exigeraient de nouveaux droits sur « les mariages, sur les baptêmes et sur les enterrements; « et choqués de cette prétendue gabelle, ils se rendirent en « armes à l'église, pour en chasser les missionnaires, et pour « s'opposer à la mission.

« En effet, les prêtres se disposant à chanter la grand'- « messe, le tumulte commença dans l'église, et nul de ceux « qui devaient officier, n'osa sortir de la sacristie, jusqu'à « ce que M. Picot, s'étant fait faire silence avec peine, dé- « clara à toute la paroisse que les ecclésiastiques que M. de « Quimper avait envoyés, ne leur demanderaient que ce « qu'ils avaient coutume de donner, sans prétendre aucun « droit nouveau. Ce que les cinq missionnaires signèrent à « l'heure même par devant notaire. Alors, le bruit ayant « cessé, on commença la grand'messe qu'on acheva assez « tranquillement. L'après dîner, le Père faisant chanter des « cantiques dans l'église, plusieurs y entrèrent, et les esprits « que la déclaration du matin avait calmés, s'étant encore « adoucis par cette sainte mélodie, personne ne s'opposa « plus à la mission, et de ce soir là-même, on l'ouvrit.

« Les exercices se firent comme en pleine paix, à cela « près que trois ou quatre troupes projetèrent l'une après « l'autre de piller le Séminaire, et d'enlever les prétendus « trésors de M. Picot; mais tous changèrent de dessein sur « le point de l'exécution, publiant que différents prodiges les

Maunoir, d'un éloge complet de M. Picot et sa fondation. V. les pages 359 et 360; et concluez de là que si quelques Jésuites ont paru dans le commencement s'opposer à l'établissement du Séminaire, ils ont réparé leur faute; cette vie de M. Maunoir fut imprimée en 1697.

« avaient arrêtés. De manière que plusieurs de ces gens
« étant venus se confesser de leur faute, cela ne fit qu'aug-
« menter la ferveur. Elle s'accrut encore beaucoup par le
« grand concours de ceux de l'évêché de Vannes. Ainsi tout
« le canton changeant d'objet, ne pensa plus qu'à faire la
« guerre à ses propres vices, et ne s'occupa que de l'affaire
« de son salut.

« Le bruit de ces premiers succès alla jusqu'à M. le duc
« de Chaulnes, qui était accouru pour éteindre le feu, s'il
« eût pu, dès son origine. Ce sage gouverneur fit prier le Père
« Maunoir de seconder ses bonnes intentions, et d'essayer
« de ramener les esprits par la conscience, tandis qu'il em-
« ploierait d'autres motifs. Le Père, engagé par devoir et
« par inclination à faire ce qu'on souhaitait de lui, apprit
« que plusieurs paroisses assez éloignées de Plouguernével,
« allaient être entraînées par le torrent; mais..... au lieu de
« se transporter dans ces paroisses, il jugea plus à propos
« d'en faire sortir les habitants, et de les attirer à la mission.
« Il avança pour cela de huit jours la procession de Plou-
« guernével. Il la fit annoncer dans tous les endroits sus-
« pects, pour occuper les esprits d'un spectacle prochain et
« pour exciter la curiosité du peuple, espérant que la repré-
« sentation d'un mystère où Notre-Seigneur fut obéissant
« jusqu'à la mort, et à la mort de la croix, leur inspirerait
« l'obéissance et les retiendrait dans le devoir.

« Et de fait, le moyen réussit. De toutes les paroisses dont
« la fidélité était chancelante, on vint à la procession qui fit
« sur ce peuple l'impression qu'on désirait. Car le Père
« ayant produit, vers la fin de sa prédication, le prêtre qui
« avait représenté Jésus flagellé, demanda à ses auditeurs :
« *Serez-vous aussi cruels que les Juifs; crierez-vous comme*
« *eux, qu'on le crucifie! qu'on le crucifie! Que dis-je, le*
« *crucifierez-vous, vous-mêmes, par la continuation de vos*
« *désordres ?*

« A ces paroles vives et animées, on ne répondit que par
« des larmes et par des gémissements extraordinaires.

« La procession finie, chacun s'en retourna dans la pa-

« roisse, demandant pardon à Dieu, et résolu de demeurer
« fidèle au roi. Mais les résolutions de ces sortes de gens
« étant fort sujettes à changer, si l'on ne prend soin de les
« affermir, le Père avait averti à la fin de son sermon, que
« la communion pour les morts se ferait le dimanche sui-
« vant. Cela les entretint dans les sentiments de piété, et les
« obligea à se confesser. Ils vinrent communier pour leurs
« parents défunts, et cette communion acheva de les fixer
« dans l'obéissance. »

Il paraît que vers le même temps, M. Picot cessa de prendre la qualité de recteur de Plouguernével, dans ses signatures sur les registres, et dans les autres actes publics. Il
semble qu'il aurait pu le faire plus tôt, à savoir depuis le
moment de sa démission, le 2 septembre 1670. Mais il ne le
fit pas dès cette époque, et la raison qu'il avait d'en agir ainsi,
c'est que cette démission n'ayant été faite que pour procurer
l'union de son bénéfice au Séminaire qu'il venait de fonder,
la démission ci-dessus ne pouvait être censée le déposséder
que quand l'union serait consommée.

On remarque aussi que M. Yves Floch, qui avait été curé
de Plouguernével avant cette époque, continua à jouir de
cette qualité, plusieurs années après que M. Picot avait
quitté celle de recteur; de manière que les prêtres de la paroisse, qui étaient en grand nombre, se disaient délégués
dudit M. Floch, dans les actes qui demandaient juridiction,
tandis que les *prêtres du Séminaire*, sans parler de déléga-
tion, signaient simplement : Prêtres du Séminaire. On peut
conclure de là, ce me semble, que les prêtres de la communauté étaient dès lors censés, en cette seule qualité, avoir
juridiction suffisante pour agir dans la paroisse, et que
M. Abgrall, par une suite de confiance pour M. Floch, par
respect pour son âge, par reconnaissance pour ses anciens
services, et par considération pour son mérite personnel, lui
laissa le titre, les droits et les honneurs dont il avait joui
jusque-là.

M. Abgrall était d'ailleurs obligé d'avoir sur le lieu un
substitut, ou vicaire revêtu de tous ses pouvoirs. Car il ne

résidait pas à Plouguernével habituellement. Il n'y paraissait que très rarement, et toujours pour très peu de temps. Il était depuis longtemps directeur des Dames du Calvaire, et cette direction exigeait de lui une résidence habituelle auprès de cette communauté, qui étant alors dans son berceau, demandait de lui, par cette raison, un soin plus particulier. D'ailleurs, comme il avait été ordonné par le décret même de l'érection du Séminaire, dont il avait été nommé premier Supérieur, qu'on bâtirait à Quimper, ou auprès de Quimper, une seconde maison qui serait, à proprement parler, le Séminaire épiscopal, il était essentiel qu'il ne s'éloignât pas de Quimper où sa présence était absolument nécessaire, pour qu'il pût profiter des circonstances que la Providence ferait naître pour acquérir un emplacement favorable pour cette seconde maison et en commencer la construction.

Pendant qu'il s'occupait de ce vaste projet, il crut devoir assurer à son Séminaire, par une prise de possession légale, la propriété des biens, autres que le bénéfice même de Plouguernével, qui lui avaient été donnés. Il fit cet acte le 21 septembre 1676, avec toutes les formalités prescrites par les lois.

Huit mois après cette époque, arriva le moment heureux après lequel il soupirait peut-être depuis longtemps, de se procurer un terrain commode pour la maison qu'il voulait bâtir, pour servir de Séminaire épiscopal.

Ce terrain était la maison de Crech-Euzen (1), avec quelques-unes de ses dépendances, dont la situation, à l'extrémité d'un des faubourgs de Quimper, un peu au-dessus de Saint-Primel, qui était alors une église paroissiale, était la plus belle qu'on pût désirer pour un séminaire. Il avait appartenu peu de temps auparavant au sieur de Kerloeguen. Mais ce gentilhomme étant venu à mourir sans enfants, il était passé, par droit de succession, à Roberde de Kerloeguen,

----

(1) J'ai entendu dire que ce fait n'est pas certain. Je vois cependant dans l'acte d'acquisition de Crech-Euzen, que ce manoir est dit situé dans la paroisse de Saint-Primel.

dame de Crécholain, sa sœur, qui voulut le vendre pour payer les dettes de feu son père, que son frère et elle n'avaient pas encore acquittées, au moins en totalité.

Le fondateur, le Supérieur et le procureur du Séminaire voulant profiter de cette occasion, en parlèrent à M. de Coëtlogon, qui approuva leur projet. Ils firent là-dessus à la dame Crécholain des propositions qu'elle agréa. On convint du prix qui fut de 9,000 livres, et il fut stipulé : 1º Que les acquéreurs retiendraient sur cette somme les fonds de différentes petites rentes qui étaient dues sur le bien en question, et qui formaient un total de 40 livres tout au plus ; 2º Que sur ce qui resterait après cette première déduction, ils retiendraient 4,800 livres en nature de constitut perpétuel, à la charge de payer 100 écus de rente annuelle à une religieuse du Calvaire qui était tante paternelle de la dame de Crécholain, laquelle serait payée à celle-ci après le décès de la religieuse ; 3º Enfin, que ce qui resterait des 9,000 livres, après ces déductions, serait payé par les acquéreurs aux créanciers du père de la dame Crécholain, *suivant la désignation qu'elle en ferait, quinzaine après l'appropriement qui serait fait aux prochains plaids généraux des régaires ou du présidial.*

Les conventions étant ainsi réglées, le contrat fut passé par devant notaire, le 24 mai 1677, et signé par M. de Coëtlogon, par M. Picot, qui est dit dans l'acte s'être volontairement constitué *plege et cauption* pour les acquéreurs, par les acquéreurs eux-mêmes, autorisés de l'évêque, et par la dame venderesse qui se dit *authorisée de justice à la suite de ses droits.*

Le lendemain de la passation de ce contrat, il fut insinué à Quimper, et le même jour M. Porellec, faisant tant pour lui que pour le Supérieur du Séminaire, prit possession des biens qui en faisaient l'objet. Le 20 décembre suivant, l'appropriement s'en fit dans les formes prescrites aux plaids généraux de la juridiction des regaires. Par là, le Séminaire devint propriétaire incommutable des biens qui faisaient l'objet de l'acquêt.

Il paraît que Mme de Crécholain, en consentant à cette vente, eut une intention très formelle de favoriser l'établissement du Séminaire sur un terrain qui lui appartenait. Le dispositif du contrat l'insinue assez clairement. On voit d'ailleurs que ses conventions avec les acquéreurs étaient bien favorables pour ceux-ci, en ce sens qu'elle leur donnait à très bon marché le bien sur lequel ils contractaient. J'ai entendu dire à quelqu'un de mes anciens, que les bois qui se [trouvaient sur le terrain en question, y compris sans doute ceux qui étaient dans l'endroit qu'on appelle aujourd'hui le Placître, valaient seuls 9,000 livres.

Quoique, au reste, ces conventions fussent déjà bien avantageuses pour le Séminaire, Mme de Crécholain voulut encore les rendre plus avantageuses, et elle le fit effectivement le jour même de la passation du contrat, en donnant à Messieurs du Séminaire une permission par écrit de lui rembourser quand bon leur semblerait, en deux termes différents, la somme de 4,800 livres qui leur était laissée à constitut, à savoir 2,400 livres à chaque terme, et en promettant de diminuer les intérêts après le premier payement, à proportion de ce payement.

Cette vente conventionnelle fut convertie en judicielle par le présidial de Quimper. Le présidial, en conséquence, se crut seul compétent pour connaître de cette affaire, au moins pour ce qui concernait le payement des sommes qui n'avaient pas été soldées lors de l'appropriement. Ce conflit de juridiction entre le présidial et le siège des régaires occasionna des sentences, des significations, etc., où M. Abgrall est toujours nommé. Je ne conçois pas trop comment il pouvait alors entrer dans ces discussions, car la plupart arrivèrent dans le mois de janvier 1678, temps de la maladie dont il mourut. Je doute même que M. Abgrall eût aucune connaissance de ces tracasseries; et j'en doute avec d'autant plus de fondement, que les Dames du Calvaire en étaient, en partie, causes, pour la conservation de leurs droits. Il n'est pas croyable que ces Dames, qui étaient pleines d'estime, d'affection et de reconnaissance pour M. Abgrall, leur père spirituel, eussent voulu augmenter son mal, en lui parlant ou en lui faisant parler des sujets de brouillerie dont il s'agit.

Mme de Crécholain ne fut pas la seule qui, cette année, voulut favoriser le Séminaire. Françoise Perrote ou Pérault, veuve de M. Féniac, docteur-médecin, et mère du fameux M. Féniac, mort en odeur de sainteté, au commencement de ce siècle, fit aussi, le 15 décembre, une donation au Séminaire, pour aider à y entretenir un ecclésiastique à la nomination du Supérieur. Cette donation avait pour objet la terre de Kerrogon, en la paroisse de Ploaré.

Tous ces succès devaient procurer à M. Abgrall une satisfaction bien douce. Mais il n'en jouit pas longtemps. Il mourut le 18 janvier 1678, et fut enterré dans l'église des Dames du Calvaire qu'il avait dirigées pendant plus de quarante ans, quoiqu'il eût été recteur de Penhars pendant quelques années dans cet intervalle.

Seize jours avant sa mort, il avait fait venir des notaires pour rapporter son testament, où j'ai remarqué entr'autres choses, qu'il n'y prend ni la qualité d'ancien recteur de Penhars, ni celle de Supérieur du Séminaire, quoique certainement il eût alors ces deux qualités; qu'il légua aux Dames calvairiennes 50 écus, avec prière de lui accorder une sépulture dans leur église; et qu'il donna à la congrégation des ecclésiastiques, qui se tenait chez les Pères Jésuites, une petite somme de 18 livres, et au Séminaire 100 livres, avec toute sa bibliothèque. Il demeurait habituellement près le Calvaire, apparemment dans les maisons où demeurent successivement les directeurs de cette maison, et à laquelle on m'a dit qu'il avait annexé quelqu'un des petits terrains adjacents. Mais il mourut dans un des parloirs de la communauté. C'est du moins de ce parloir que fut rapporté son testament, et il était alors si malade que, ne pouvant signer lui-même cet acte, il fit prier M. Lahuëc, l'un des prêtres de son Séminaire, qui était là présent, de le signer pour lui. Ce qui fut fait.

Dans le mois d'avril suivant, il se tint, à Quimper, un synode où M. l'Evêque exhorta publiquement son clergé à seconder son zèle pour l'établissement du Séminaire, après quoi il vint processionnellement à Crech-Euzen, avec le Chapitre et les recteurs qui se trouvaient au synode. La procession étant arrivée au terme, M. l'Evêque posa la première pierre de la chapelle qu'il y voulait faire bâtir; le Chapitre y plaça la seconde, et le doyen des recteurs la troisième. Cette cérémonie se fit le 21 du susdit mois. On travailla tout l'été à la construction des premiers bâtiments du Séminaire, et sans doute on le fit avec beaucoup d'activité. On ne put cependant pas, en aussi peu de temps, exécuter en son entier le projet qu'on avait formé. Mais on trouva moyen de faire, avant l'hiver, un oratoire dans le pavillon (1) contre lequel se trouve aujourd'hui la porte du bois du midi. Le 21 novembre, jour de la Présentation de la Sainte Vierge, M. l'Evêque vint en personne bénir cet oratoire, y célébrer la sainte Messe, reçut ensuite la rénovation de la cléricature des prêtres du Séminaire, et enfin bénit les chambres de la maison.

Au mois de mai de l'année suivante, 1679, la chapelle du Séminaire s'étant trouvée en état, M. l'Evêque y donna l'ordination aux Quatre-Temps de la Sainte-Trinité, et il était assisté de M. de La Rive, archidiacre; de M. Cellier, vicaire général; de M. Amice, chanoine de la cathédrale; de M. Deshayeux, official; et de M. Bardouin, promoteur.

Le 8 avril de l'année suivante, M. de Coëtlogon donna au fondateur un mandement de Supérieur du Séminaire, et la seule chose qui m'étonne en cela, c'est que M. l'Evêque ne lui ait donné cette marque de confiance que trois ans après la mort de M. Abgrall. Je ne sais comment expliquer cette énigme.

Comme cependant nos anciens mémoires ne font aucun reproche là-dessus à M. de Coëtlogon, nous avons droit de pré-

----

(1) C'est vraisemblablement dans l'endroit qui se trouve au bas de la petite chapelle, au-dessous de la salle des exercices. Les peintures et les sentences qu'on voit encore sur le mur de cette salle, semblent une preuve efficace de ce fait.

sumer ou que M. Picot fut nommé verbalement Supérieur,
tôt après la mort de son prédécesseur, et que dès lors il
en exerça toutes les fonctions, quoiqu'il ne fût pas authentiquement bullé; ou que, s'il ne fut pas plus tôt bullé, c'est
que son humilité s'y opposait. Cette dernière explication est
la plus conforme à la tradition qui nous apprend que M. Picot
était si humble, que quand on lui offrait la première ou la
seconde place à Plouguernével, il menaçait de quitter la
maison, si on lui refusait la dernière place.

Quoiqu'il en soit, le clergé dut bien applaudir au choix
que M. l'Evêque avait fait de lui pour le mettre à la tête de
son séminaire, et se féliciter de le voir enfin accepter cette
place. Mais il ne l'occupa pas longtemps; il mourut à Plouguernével, le 7 janvier 1681, à huit heures du soir. Son corps
fut inhumé le surlendemain dans le cimetière de cette paroisse. Et dix-neuf ans après cette époque, il fut trouvé tout
entier, comme nous le dirons plus au long dans le livre
suivant.

LIVRE SECOND

M. Picot, avant de mourir, avait jeté la vue sur M. Paillard,
dont nous avons déjà parlé, pour en faire le Supérieur de
son Séminaire, et avait communiqué son projet à M. l'Evêque, qui crut devoir l'exécuter; il semble que c'était le
meilleur choix qu'on pût faire dans les circonstances ac-
tuelles. Car comme je l'ai déjà remarqué, M. Paillard avait
rendu, quelques années auparavant, des services essentiels
au Séminaire, en contribuant efficacement à l'obtention des
lettres-patentes et des lettres de jussion nécessaires pour
donner à l'établissement une consistance légale. M. Paillard
était d'ailleurs un homme très éclairé. Il était docteur de
Sorbonne, et avait fait longtemps des conférences de théolo-

gie au Séminaire de Saint-Nicolas du Chardonnet, à Paris.
M. Paillard avait pris dans la capitale l'esprit ecclésiastique
et l'on peut dire qu'il en était plein. M. Paillard savait la
pratique du Saint Ministère, et en particulier celle des missions, dans lesquelles il avait travaillé avec les disciples de
saint Vincent de Paul, et cela peu après la mort de ce grand
saint (1). M. Paillard avait été intimement lié avec le fondateur du Séminaire, et il en connaissait parfaitement l'esprit,
de même que l'état actuel des affaires de deux maisons qu'il
avait fondées. En un mot, M. Paillard savait tout ce qui
était nécessaire pour gouverner les deux maisons dont on
voulait lui confier la direction, suivant l'esprit primitif de
leur fondation et de leur fondateur.

Une seule chose semblait devoir s'opposer à sa nomination à la supériorité. Il était depuis 1676 ou environ (époque
de son retour de Paris) recteur de Ploaré, par résignation
d'un autre M. Paillard, son oncle. Il eût été dur de lui faire
abandonner son bénéfice pour le charger d'un office qui
pouvait tout au plus lui procurer le simple nécessaire. D'un
autre côté, il devait paraître difficile qu'il pût gouverner en
même temps sa paroisse et les deux maisons du Séminaire,
dont une était éloignée de son presbytère de quatre lieues,
et l'autre de dix-sept lieues.

Ce dernier parti fut cependant celui qu'on prit. Et la suite
de l'histoire donne lieu de penser que malgré la distance des
lieux et la multiplicité des occupations disparates que donnait à M. Paillard sa qualité de recteur et celle de Supérieur
du Séminaire, il remplit, avec édification et avec succès, tous
les devoirs attachés à ces deux offices. Cela serait impossi-
ble aujourd'hui, parce que la supériorité du Séminaire exige

(1) Peut-être même avait-il vu vivant saint Vincent de Paul qui n'est
mort qu'en 1660. Comme cependant il faudrait supposer pour cela qu'il
eût été quinze ou seize ans à Paris, et que cette supposition est un peu
hardie, je n'ose assurer bien positivement le fait; au surplus, il n'était
pas insolite de voir, en ce temps, les ecclésiastiques de Quimper rester à
Paris quinze ou seize ans. M. Rannou y resta depuis 1679 jusqu'en 1689,
comme on le verra ci-dessous.

depuis longtemps une résidence très exacte à cause des quartiers de retraites et des autres occupations de tout genre qui en sont comme l'apanage. Mais, par la raison contraire, il n'était pas si difficile à la fin du siècle dernier, qu'il l'est actuellement, de gouverner le Séminaire sans y résider. Tôt après sa nomination à la supériorité, M. Paillard fit un voyage à Plouguernével, pour y prendre possession, au nom du Séminaire, de la paroisse dont le revenu y avait été annexé. Cet acte est du 9 mars 1681.

L'année suivante, M. Henry Le Coz fut établi Supérieur particulier de la maison de Plouguernével. Il eut pour cela un mandement spécial de M. l'Evêque dont je ne sais pas la date précise. Je sais seulement qu'en ladite qualité de Supérieur de Plouguernével, il était *chargé de faire les fonctions curiales dans cette paroisse, et qu'il en était reconnu le pasteur* immédiat.

Ce pieux ecclésiastique, dont nous aurons dans la suite occasion de parler au long, est le premier Supérieur de Plouguernével que nous puissions dire avec certitude avoir été bullé spécialement pour y faire les fonctions curiales. Je trouve cependant, dans un des mémoires qu'on m'a fourni, que M. Philippe de Keryvon (1) *avait été Supérieur et procureur à Plouguernével, six ans, qu'il se démit de ces deux emplois, et que Henry Le Coz lui succéda en qualité de Supérieur.* Mais c'est un anachronisme, car M. Philippe de Keryvon ne fut envoyé à Plouguernével qu'en 1691, comme nous le verrons plus bas. Il n'a pas pu, cela posé, être Supérieur avant 1682. Si donc il y a eu à Plouguernével un Supérieur nommé Keryvon avant M. Le Coz, il faut que ce soit un Keryvon différent de celui qui a succédé à M. Le Coz, ce que nous n'avons aucune raison de présumer.

Je présume avec plus de fondement que, vers le temps où nous sommes, arrivèrent les brouilleries dont parle M. Moulin au sujet des inhumations dans l'église.

_____

(1) On trouve sur les registres de Plouguernével, un autre Keryvon, dont le nom de baptême était Jean-Baptiste. Il pouvait être parent, et

C'était l'usage à Plouguernével, comme en beaucoup d'autres endroits, pour ne pas dire partout, d'enterrer dans l'église. M. Lahuëc, qui blâmait intérieurement cet usage, voulut le réformer. Son motif, en cela, n'était pas celui qui a servi de fondement aux règlements de 1719, et aux autres postérieurs, mais l'exemple des premiers chrétiens; c'est-à-dire que M. Lahuëc voulait inhumer les paroissiens de Plouguernével dans le cimetière, non pas pour prévenir les accidents que peuvent occasionner les inhumations dans les églises, mais pour renouveler dans les paroissiens de Plouguernével *l'esprit des premiers chrétiens*, qui se faisaient enterrer dans les cimetières.

Cette entreprise de M. Lahuëc, quoique sans doute très louable en soi, ne plut pas aux habitants de la paroisse, comm il est aisé de le penser. Ils murmurèrent hautement contre l'innovation, et poussèrent quelquefois les choses jusqu'à enterrer leurs parents défunts dans l'église, malgré Messieurs du Séminaire. Ceux-ci, heureusement, ne prenaient jamais, pour s'y opposer, aucun moyen d'autorité, aucune voie de fait, aucun parti de rigueur. Ils se contentaient toujours de remontrer avec douceur la justice de leurs prétentions, de tolérer avec patience ce qu'ils ne pouvaient empêcher, et d'exhorter avec modération les plus raisonnables d'entre les paroissiens à se soumettre à leurs avis. Ces moyens eurent enfin le succès qu'on en attendait, et l'usage d'enterrer à l'église fut réformé efficacement.

Peu de temps après, M. Lahuëc fut transféré de Plouguernével à Quimper, où il demeura quelques années, après quoi il retourna encore à Plouguernével, où il eut de nouvelles tracasseries à essuyer, incomparablement plus sérieuses que celles dont nous venons de parler. Nous ferons bientôt l'histoire de cette malheureuse affaire qui donna à M. Lahuëc bien de l'exercice et lui coûta bien de l'argent, dit à ce sujet M. Moulin. Il faut rapporter auparavant quelques faits

peut-être frère de Philippe. Mais, 1° On ne trouve pas sa signature avant 1695; 2° Rien ne prouve qu'il eût jamais été Supérieur de la Maison.

arrivés vers le temps dont il s'agit, et qu'on ne pourra placer ailleurs sans inconvénients.

Le premier de ces faits, c'est la mort de M. de Coatsal (1), l'un des premiers compagnons de M. Picot, avec lequel il travailla à Plouguernével, pendant que vécut ce pieux fondateur auquel il ne survécut que deux ans. L'acte de sa sépulture, qui est du 29 mars 1683, le qualifie seigneur *de la maison noble de Coatsal dans Lanivigen, trève de Guiscriff et le dit âgé de 56 ou 57 ans.*

Deux mois avant sa mort, il avait visité le fameux Père Maunoir dans sa maladie mortelle, et reçu sa bénédiction quelques heures auparavant qu'il rendit le dernier soupir, le 28 janvier 1683, dans le presbytère de Plévin, où il resta malade en sortant de Plouguernével, où il avait passé quelques jours avec les prêtres du Séminaire, ses amis, et en quelque sorte ses disciples. C'est dans leur église qu'il fit son dernier sermon et son dernier catéchisme; en quittant leur maison, il y avait laissé son bonnet et son surplis.

Au mois de mars de l'année suivante, le Séminaire fit encore une autre perte dans la personne de Martin Cadic, qui mourut à Plouguernével, dans le temps même qu'il prêchait la station de cette paroisse, et de celle de Plounevez-Quintin. Il était âgé de trente ans seulement (2).

C'est aussi vers le même temps, selon les apparences, que mourut à Quimper M. Porellec, qui, après avoir été procureur de la maison de Plouguernével, avait été établi procureur de celle de la Ville épiscopale, le 5 février 1681, par *lettres de l'Evêque,* dit une ancienne note chronologique du Séminaire, que j'ai sous les yeux. On ne sait pas précisé-

(1) Il est appelé *Coathal* dans la vie du Père Maunoir. Je crois que c'est une faute d'impression. Son vrai nom était *Louis Richer.* Le nom de Coatsal est une seigneurie, comme on dit dans ce pays-ci. Voyez la *Vie du Père Maunoir* (p. 407).

(2) Dans la même année 1684, on trouve sur les registres de Plouguernével les signatures de MM. Joncours et Poullavec. Ces Messieurs passèrent quelques années dans la maison; mais ils n'y moururent pas. C'est tout ce que j'ai su d'eux. Voir les notes envoyées en 1784 ou 1785, par M. Pol.o, p. 2.

ment la date de la mort de M. Porellec; mais M. Moulin dit, en parlant de lui, qu'il fut enterré à Saint-Primel.

M. Haouel (1) mourut aussi vers le même temps, et son corps fut transporté à Saint-Mathieu et enterré dans le cimetière de cette paroisse. Il avait apparemment demandé cette grâce, et cela vraisemblablement, parce qu'il avait été chapelain de Saint-Mathieu. Peut-être même l'était-il encore dans le temps de sa mort, quoique directeur du Séminaire.

Ces différentes pertes durent être pour le Séminaire un grand sujet d'affliction. Mais il en eut de plus sérieux encore dans le temps dont nous parlons, de la part de son Supérieur même, qui voulut en abdiquer le gouvernement, et qui l'abdiqua effectivement, après avoir obtenu de M. l'Evêque la permission de le faire. Le motif que M. Moulin donne à cette conduite de M. Paillard, c'est que, dit-il en propres termes, M. Paillard *s'était fait un scrupule d'être Supérieur du Séminaire et recteur de Ploaré en même temps* (2).

On ne sait pas précisément la date du désistement de M. Paillard. Mais on sait qu'en le faisant, il désigna pour son successeur, M. Jacques Rannou, dont nous avons déjà dit un mot dans le livre précédent (p. 20). Il en parla avantageusement à M. de Coëtlogon, et après avoir obtenu l'agrément de ce prélat, il le fit venir de Paris où il était resté après avoir fini la science. Dès qu'il fut arrivé à Quimper, l'Evêque lui donna le mandement de Supérieur du Séminaire. Ce mandement est daté du 19 août 1689.

Cette nomination dédommageait le Séminaire de la perte de M. Paillard. Il semble même que M. Rannou avait encore plus de mérite que son prédécesseur. M. Moulin qui a vécu longtemps avec lui, dit que *c'était l'homme du monde le plus poli, gracieux, humble et doux.* Et j'ai entendu dire à M. Gorgeu, dont le témoignage assurément est d'un grand poids, quoiqu'il ne fût pas du même temps que lui, que c'était un des plus grands hommes qu'il y ait eu dans le Sé-

(1) Lisez Haouël.
(2) Relation de M. Moulin, p. 4.

minaire, et qu'il avait fait des biens immenses dans le diocèse.

M. Rannou, en se chargeant du gouvernement du Séminaire, le trouva dans une position bien critique. M. l'Evêque était assailli d'un grand nombre de personnes qui lui communiquaient, avec trop de facilité quelquefois, peut-être par un principe de jalousie et de malignité, leurs idées personnelles. Comme l'Evêque était d'ailleurs un peu avancé en âge et d'un caractère facile, il prenait trop aisément les impressions qu'on voulait lui donner. De sorte que quelquefois, il paraissait porté à appeler dans son diocèse les Oratoriens pour leur confier son Séminaire; tantôt il semblait désirer les Lazaristes, tantôt, enfin, on croyait que les Jésuites auraient la préférence.

Dans l'incertitude où ces variations de M. de Coëtlogon mettaient le Séminaire, M. Rannou demanda à M. l'Evêque des provisions pour la paroisse de Plouguernével, et les ayant obtenues, il prit possession, avec des formalités différentes de celles qu'avaient employées ses prédécesseurs, M. Abgrall et M. Paillard. On prétend que, par là, il voulait se ménager une ressource pour lui-même en cas d'expulsion du Séminaire, je veux dire se réserver pour lui-même le bénéfice de Plouguernével, dans le cas où l'Evêque aurait ôté le gouvernement du Séminaire aux ecclésiastiques dont il était le chef, pour le donner aux Oratoriens, aux Lazaristes ou aux Jésuites.

Si ce fait est vrai, comme l'a rapporté M. Moulin dans les mémoires duquel je l'ai trouvé, on peut dire sans exagération que ce ne fut pas là le plus beau trait de la vie de M. Rannou. Mais on peut dire aussi, avec plus de confiance encore, que si M. Rannou fit effectivement la précaution industrieuse que je viens de rapporter, et que si cette précaution fut un peu excessive et déplacée, il se comporta le reste de sa vie de manière à effacer sa faute.

D'abord, il est constant qu'il fit toujours son possible pour prévenir ou calmer les orages que les intrigues des ennemis de son Séminaire pouvaient susciter contre lui, persuadé que le bien du diocèse demandait qu'on s'en tînt à l'esprit de la fondation du Séminaire; il fit valoir dans l'occasion ses raisons vis-à-vis de M. l'Evêque, et en les proposant avec la douceur et l'honnêteté qui lui étaient comme naturelles, il sut gagner son Evêque sans le jouer. Ayant, d'ailleurs, une attention extrême à ne choisir pour son Séminaire que des sujets sûrs, laborieux, zélés, recommandables par leurs talents et leur piété, il ôtait par là, aux ennemis de son Séminaire et aux siens, le prétexte qui aurait pu favoriser le plus leurs reproches et leurs prétentions.

Non content de travailler ainsi au bien de son Séminaire, il s'occupait des besognes extérieures qui tendaient à la gloire de Dieu. On peut dire qu'il entrait pour beaucoup dans toutes les bonnes œuvres les plus importantes qui se faisaient de son temps à Quimper.

Une des plus essentielles auxquelles il ait donné la main, c'est la retraite des Dames qui n'avait pas encore alors toute la perfection qu'on y admire aujourd'hui. D'abord, elle avait été établie d'une manière assez irrégulière à la rue Neuve. Ensuite elle fut transférée près le Collège, apparemment par les soins des Pères Jésuites, qui voulaient procurer aux femmes les mêmes avantages qu'eux-mêmes procuraient aux hommes. Peut-être aussi que les Pères Jésuites qui, vraisemblablement, travaillaient à cette bonne œuvre et en avaient la direction, étaient bien aises d'avoir, auprès de leur maison, celle où les retraites pour les femmes se donnaient. Enfin, la place qu'on lui avait donnée près le Collège n'étant pas assez commode, ni assez avantageuse, on lui en procura une autre sur le quai, près la chapelle Saint-Jean. On ne sait pas bien précisément si M. Rannou contribua à cette dernière translation des Dames de la Retraite, mais il est certain qu'il rendit beaucoup de services à ces Dames, et en particulier à Mlle de l'Estrediagat, qui en fut établie Supérieure dès l'âge de vingt ans, ou environ, et qui a gouverné cette maison avec beaucoup de sagesse, pendant plus de cinquante ans, depuis 1693 jusqu'en 1744. C'est sous elle que s'est faite la dernière translation de la Retraite des Dames, où elle se trouve aujourd'hui, entre l'église paroissiale de

Saint-Mathieu et la chapelle des Capucins, vers l'an 1720, longtemps après la mort de M. Rannou.

M. Rannou rendit aussi des services essentiels aux Dames de Saint-Thomas de Villeneuve, qui avaient été chargées de la direction de l'hôpital général de Saint-Antoine, établi à Quimper vers l'an 1680, par les soins et le zèle du Père Choran, Jésuite, comme on le voit par les lettres de Louis XIV, datées du mois de juin 1701, confirmatives de cet établissement. Il est naturel de penser que ces Dames avaient besoin de toutes sortes de secours, dans la position où elles se trouvaient du temps de M. Rannou; les commencements d'un nouvel établissement étant ordinairement difficiles et orageux. Elles trouvèrent ces secours dans M. Rannou, qui était en même temps un sage directeur et un homme de tête, capable de mener les plus grandes affaires, surtout dans une ville où son mérite généralement reconnu lui donnait une grande considération.

Enfin, nous pouvons dire que M. Rannou était comme l'âme de toutes les assemblées de charité qui se tenaient de son temps à Quimper, en faveur des pauvres malades. C'est ce qu'on a droit de conclure, qu'il fut chargé de la direction de la Confrérie de la Charité, établie dans la chapelle du Séminaire, par M. de Coëtlogon, le 29 novembre 1686, à la prière d'un grand nombre de dames charitables de la ville. Cette Confrérie, qui avait pour but immédiat le soulagement spirituel et corporel des malades qui n'avaient point d'asile, des hôpitaux de Sainte-Catherine et de Saint-Antoine, et que M. l'Evêque avait établie sous le titre de l'*Amour de Notre-Seigneur Jésus-Christ*, s'est soutenue jusqu'au temps où fut fondé l'établissement des *Filles de la Charité du Saint-Esprit*, plus connues sous le nom de *Sœurs-Blanches*. Ce dernier établissement a été fait en 1749; nous en parlerons plus au long ci-dessous.

Ces occupations multipliées, jointes aux soins particuliers que M. Rannou était obligé de prendre pour le gouvernement intérieur de sa maison de Quimper, ne l'empêchaient pas de visiter souvent celle de Plouguernével. La preuve se trouve encore sur les registres de la paroisse, où l'on voit plusieurs signatures de lui sous les années 1691 et suivantes. On remarque même que dans ces actes il prend toujours la qualité de *Recteur*.

On y trouve aussi sous les mêmes dates, ou à peu près, les signatures de quatre Messieurs Le Coz, à savoir : Henry, Hervé, Corentin et Jean-Gabriel. Le premier est celui que nous avons déjà dit avoir été nommé Supérieur en 1682. Deux des trois autres étaient ses frères, et l'autre pouvait être son cousin (1). Corentin qui paraît avoir été le plus jeune, fut nommé, dans la suite, recteur de Saint-Thurian, et il est mort dans cette paroisse. Hervé, l'un des deux autres, sortit du Séminaire, et devint aveugle quelque temps avant de mourir; peut-être avant de quitter le Séminaire. Il se retira à Plounévez-du-Faou ou aux environs, d'où il allait dire la messe à Saint-Herbaut, conduit par un de ses frères, qui était laïc; on tient ce fait d'un fils à ce Coz, laïc, qui vit encore.

Enfin, on voit encore sous les mêmes dates, ou à peu près, sur les registres de la paroisse susdite, les signatures d'Yves Lahuëc, de Gilles Le Moulin, de Philippe et de Jean-Baptiste de Keryvon. Ces deux derniers étaient apparemment frères ou proches parents.

De ces huit prêtres que je viens de nommer, celui qui nous intéresse le plus dans ce moment, c'est M. Lahuëc, dont il est temps de rapporter ici la malheureuse affaire que j'ai annoncée ci-dessus. La voici un peu au long :

« Le 28 mai 1690, M. de Kerlan Raoult, homme de condition, mourut à Kersamoal, près la chapelle de Kergrist, sur la paroisse de Plouguernével. Ce gentilhomme avait un fils, chanoine de la Collégiale de Rostrenen, qui, conformément aux dernières volontés de son père, voulut l'enterrer dans l'église collégiale susdite; il fut, en conséquence, à Plouguernével le lendemain de la mort de son père, demander à M. Lahuëc, qui, sans être Supérieur en titre, remplissait plu-

(1) Ces trois frères Le Coz étaient de Plounévez-du-Faou. Le quatrième, que j'ai supposé leur parent, était aussi de la même paroisse selon toutes les apparences.

sieurs des fonctions du Supérieur, les permissions nécessaires pour cela. M. Lahuëc ayant accordé ces permissions sans difficulté, mais sous les conditions convenables en pareil cas, le chanoine lui donna un écu de soixante-deux sols et un demi-écu de trente et un sols, pour faire faire quelques prières pour le repos de l'âme du défunt, et ajouta que *quand on aurait trouvé l'argent que son père avait caché, il donnerait davantage pour prier Dieu pour lui. Il fut convenu en même temps que la levée du corps se ferait à trois heures après midi, le même jour.*

« M. Lahuëc partit en conséquence du bourg de Plouguernével, à une heure de l'après-midi, pour se rendre à Kersamoal. Mais en arrivant là, il trouva quelques ecclésiastiques de Rostrenen en surplis, et même deux d'entre eux revêtus d'étoles et de chapes, tout disposés à faire eux-mêmes la levée du corps, et à le faire mettre dans une charrette préparée pour cela. M. Lahuëc, sans se déconcerter à la vue de cet appareil, se disposa à faire lui-même la cérémonie du déplacement; mais à peine eut-il dit le *De profundis*, qu'on lui demanda ce qu'il cherchait là. On lui rappela qu'on lui avait déjà donné de l'argent, et l'on ajouta qu'ayant été payé pour ses droits, il n'avait plus rien à prétendre, qu'il eût à se retirer, et qu'on allait transporter le corps à Rostrenen, sans qu'il eût à s'en mêler. M. Lahuëc répondit à tout cela qu'il était venu pour faire le dû de sa charge, qu'il avait réellement consenti, et qu'il consentait encore à ce que le cadavre du défunt fût enterré à Rostrenen ; mais qu'il fallait qu'auparavant il fût transporté à l'église de Plouguernével, et qu'on y fît pour lui les prières accoutumées; qu'après cela on le conduirait processionnellement jusqu'aux limites de la paroisse, pour le déposer là, entre les mains des chanoines de Rostrenen; qu'au surplus, ce n'était pas l'argent qu'il cherchait, et qu'il allait rendre celui qu'il avait reçu. En même temps, il porta la main à sa poche et en tira l'écu et demi qu'il avait reçu, mit sur la table ces deux pièces de monnaie, et les laissa là, en déclarant qu'il allait commencer la cérémonie du déplacement,

« Cetté réponsé de M. Lahuëc n'eut aucun éffct, où, si elle en eut quelqu'un, ce fut d'animer de plus eu plus les personnes contre lesquelles il avait affaire. Trois sergents qui étaient *venus là exprès pour aider à enlever le corps*, eurent l'insolence de vouloir le mettre dans la charretté, malgré lui, et en sa présence. Mais, plus ces gens paraissaient empressés, plus M. Lahuëc crut devoir se hâter. Il prit donc, sur le champ, son surplis et son étole, après quoi il entonna le psaume : *Miserere mei, etc.*, sur le premier ton. Les chanoines l'entonnèrent aussi de leur côté, mais sur le septième ton. Ce qui occasionna, comme il est aisé de le penser, une cacophonie indécente.

« M. Lahuëc crut devoir faire encore quelques remontrances à ce sujet; sur quoi, un des chanoines portant chape, saisit l'étole que M. Lahuëc avait au col, et la serrant fortement contre lui, comme s'il eût voulu l'étrangler, il le secoua rudement, à plusieurs reprises. M. Lahuëc continua malgré cette violence à chanter avec les prêtres de Plouguernével qui l'accompagnaient. Ce que voyant, M. Raoult, chanoine de Rostrenen, fils du défunt, dit à ceux qui conduisaient la charrette, qu'on dételât les bœufs, et qu'on remît le corps de son père dans la maison d'où on l'avait tiré.

« Cet avis était bien placé dans la circonstance actuelle; mais il ne fut pas suivi. Ses partisans, au lieu de s'y conformer, vomirent mille injures contre M. Lahuëc, et le traitèrent de *voleur*, d'*ivrogne*, de *podagre*, comme ils l'avaient déjà fait auparavant. En même temps, deux des sergents qui avaient aidé à mettre le cadavre dans la charrette, prirent les *chevaux*, dit une ancienne relation de cette affaire, *et les touchèrent si fort pour les advancer, qu'ils pensèrent venir sur ledit M. Lahuëc, n'était qu'il les détourna de sa béquille, lesquels s'irritèrent tellement de cela, qu'ils levèrent tous leurs bâtons pour le frapper, et même un desdits chanoines tira un bâton de sous la chape ou surplis, car il avait l'un et l'autre, qu'il voulut frapper sur la tête, n'était qu'il fut empêché.*

« M. Lahuëc indigné, et sans doute effrayé de ces excès,

crut qu'il fallait céder aux circonstances, de peur de pis, dit encore la relation citée (où il est qualifié de Supérieur du Séminaire); il prit le parti de quitter son étole et son surplis, après avoir pris toutefois les assistants pour témoins de la violence qu'on lui faisait. Il prit ensuite la route de Plouguernével, en habit ordinaire et sans chanter.

« Arrivé à une certaine distance de l'endroit qui avait été le théâtre de cette scène malheureuse, il vit venir après lui la charrette qui portait le cadavre de M. de Kerlan Raoult. Croyant à cette vue que les assistants étaient revenus de leur emportement, comme avait paru le désirer le chanoine, fils du mort, M. Lahuëc et les autres prêtres qui l'accompagnaient reprirent leurs habits d'église. Un de ces derniers se trouvant auprès de la charrette, qui se trouvait alors dans une espèce de croisant où il y a deux chemins, dont l'un conduit à Rostrenen, et l'autre à Plouguernével, prit les licols des chevaux pour les détourner dans le chemin de Plouguernével, et ce fut là le signal d'un nouveau combat. Deux hommes qui menaient la charrette saisirent le prêtre dont je parle (et qui je crois était M. Moulin ; voir sa relation, p. 6), et voulurent lui passer au col un des licols des chevaux. En même temps « furent donnés plusieurs coups de bâton par « ces malveillants, à plusieurs particuliers qui voulurent « empêcher ces désordres, et on leur eût encore donné da- « vantage, n'était qu'on commença à crier : *Au Roi* sur « eux; ce qui les fit s'en aller en courant, avec le corps, si « fort, que personne ne le pouvait suivre, et que la bière où « était le corps creva avant qu'il fût rendu à Rostrenen; ils « se vantaient même hautement, après cela, d'avoir roué les « prêtres de Plouguernével de coups de bâton. »

« La plupart des auteurs de ces forfaits étaient ivres lorsqu'ils les commirent. Mais comme l'ivresse ne pouvait point les excuser, M. Lahuëc avait prise sur eux tous, et crut devoir se plaindre. M. Moulin prétend que le procureur fiscal de Rostrenen, qui était gendre du défunt, et qui était aussi entré pour quelque chose dans cette malheureuse affaire, ne tarda pas à reconnaître ses torts, et se *tira de bonne heure*

de ce pas glissant, par s'accorder avec M. Lahuëc; mais ce
fait particulier n'est pas bien certain.

« Quoiqu'il en soit, il y eut plusieurs des coupables qui
osèrent présenter leurs plaintes aux juges de Carhaix. Mais
M. Lahuëc, qui se défiait apparemment de ces juges, obtint
un arrêt de la Cour qui évoquait l'affaire au présidial de
Quimper. Il obtint de plus deux monitoires, l'un de M. de
Coëtlogon, pour être publié à Plouguernével, et l'autre de
M. Le Doux, vicaire-général du diocèse de Vannes, *sede va-
cante,* pour être publié à Plélauff.

« Le présidial de Quimper ne tarda pas à prononcer, au
moins provisoirement, sur l'affaire dont la connaissance lui
avait été attribuée; il décréta de prise de corps quelques-
uns des accusés, et, quelques autres, d'ajournement personnel.

« Je n'ai pas pu savoir quelle fut la sentence ultérieure et
définitive du présidial de Quimper; mais il est certain que le
21 juillet 1691, le Parlement de Bretagne condamna les coupables à 400 livres, pour réparations et dépens, et à 20 livres d'amende au profit de l'église de Plouguernével, sans
cependant leur infliger aucune peine afflictive, apparemment
parce que M. Lahuëc n'avait pas poursuivi l'affaire au crimi-
nel, mais seulement au civil.

« M. Lahuëc signifia cet arrêt au nommé Louis Le Pape,
l'un des plus coupables. Il fit même exécuter les biens de ce
malheureux, qui était marchand à Rostrenen. Mais ce particulier voulut se tirer d'embarras en disant que l'arrêt du
Parlement ne le rendait pas solidaire pour le tout. Cet inci-
dent occasionna un nouveau procès, où Louis Le Pape eut
encore le dessous, après quoi il se fit une transaction entre
lui et M. Lahuëc, par laquelle il fut stipulé que les dépens
du second procès seraient abutés à 90 livres, qui furent
payés en deux termes par ledit Louis Le Pape, sous le cau-
tionnement de François Le Pape, son père. »

C'est ainsi que se termina cette malheureuse affaire, qu'on
peut présumer avoir été une suite d'une autre, arrivée quatre
ans auparavant à M. de Kerlan lui-même, qui, ayant occa-

sionné un scandale public à Plouguernével, hors de l'église
et même dans l'église, un jour que M. l'Evêque y faisait la
visite, fut dénoncé juridiquement par le promoteur à Monseigneur, qui dressa sur le lieu un procès-verbal contre lui.
Je n'ai pas voulu exposer au long cette affaire sous la date,
je ne veux même pas le faire ici, parce que cette affaire n'intéresse pas directement le Séminaire. Comme cependant
Messieurs du Séminaire y entrèrent pour quelque chose, il
est à présumer qu'elle contribua à indisposer contre eux la
famille de M. de Kerlan, et que cette famille ayant trouvé ou
cru trouver occasion, en 1690, de faire éclater son ressenti-
ment secret contre le Séminaire, profita alors de cette occasion avec trop d'empressement.

Il est probable aussi qu'un des motifs de la translation de
M. Lahuëc à Quimper, qui arriva tôt après le grand procès
dont je viens de faire l'histoire, fut le désir qu'on avait de le
tirer du milieu de ses ennemis, et de prévenir de nouvelles
tracasseries pour lui. Ce qu'il y a de bien certain, c'est que
M. Rannou fut la principale cause de cette translation (1), et
qu'il était assez adroit pour soustraire par cette voie M. Lahuëc à la malignité de ses ennemis. Peut-être aussi que le
Supérieur, connaissant le génie un peu trop ardent de son
confrère, fut bien aise de l'éloigner des occasions qu'il avait
ou qu'il pourrait avoir à Plouguernével, de faire éclater sa
vivacité naturelle.

A peu près dans le même temps, il survint au Séminaire

(1) La relation de M. Moulin dit en propres termes, p. 6, que M. Rannou *retira M. Lahuëc à Quimper*, comme si M. Rannou avait agi en cela
de son chef. On trouve dans nos anciens papiers d'autres expressions qui
semblent présenter le même cas. C'est ainsi, par exemple, qu'en parlant de
M. Moulin et de M. Keryvon, il est dit en propres termes que c'était M. Rannou qui les envoyait (à Plouguernével); on serait tenté de croire, en lisant
ces propositions, que le Supérieur de Quimper choisissait qui il voulait,
inconsulto Episcopo, pour les places des directeurs, soit à Quimper, soit à
Plouguernével. Je doute, malgré cela, qu'il l'ait jamais fait, quoique son
mandement parût lui en donner le pouvoir. Car ce mandement portait
qu'il était établi *Supérieur général* des deux maisons, à la charge de fournir à celle de Plouguernével un nombre suffisant de prêtres séminaristes.

une nouvelle affaire, moins disgracieuse, sans doute, que la précédente, mais cependant très sérieuse. On lui demanda des droits d'amortissement et autres qui montaient à plus de 4,660 livres, pour tous les biens du Séminaire, y compris même le manoir de Crech-Euzen.

Il semble que le Séminaire ne devait pas s'attendre à une demande si forte, attendu que le roi, en accordant ses lettres-patentes pour l'établissement du Séminaire, avait amorti, comme nous l'avons déjà observé, *les fonds* sur lesquels ledit Séminaire « et son annexe avaient été ou seraient établis, « pour en jouir franchement et quittement de tout droit, « dont il affranchissait et faisait don, à quelque somme qu'ils « se pouvaient monter. » Mais il paraît que cette clause, qui est en apparence si générale, et par cette raison si favorable pour le Séminaire, ne s'entendait que des fonds qui servaient ou serviraient d'emplacement des maisons des Séminaires, et de leurs dépendances les plus voisines et les plus nécessai-res, telles que leurs jardins, pourpris et autres semblables, qui étaient censés entrer dans leurs clôtures; et cela pour ce qui concernait le droit d'amortissement seulement; sans que pour cela on fût dispensé de payer pour eux les droits de nouveaux acquets, de deux sols pour livre. Aussi nous ne voyons pas que le Séminaire ait jamais contesté les droits qu'on lui demandait. Toute sa ressource fut d'im-plorer les officiers préposés au recouvrement des deniers dus pour ces sortes de droits, et en particulier celle de M. Fumée, qui était chargé de cette partie des finances, afin d'obtenir d'eux, ou par leur médiation, une remise totale ou partielle des droits en question. M. Moulin était alors à Paris où il était allé pendant le procès d'entre le Séminaire et Messieurs de Rostrenen, pour y faire quelques études à l'Université. Il était cependant prêtre quelques années avant ce voyage; il était même déjà procureur à Plouguer-névél, quand il l'entreprit. Mais dans ce temps-là, il n'était pas insolite de voir des ecclésiastiques de ces pays-ci, faire le voyage de la capitale pour y prendre des grades après la prêtrise.

Ce fut à ce zélé confrère que M. Rannou s'adressa directement pour tâcher d'obtenir la remise qu'il désirait des droits qu'on lui demandait. Cette protection n'était pas sans doute bien puissante; mais le protecteur était plein de bonne volonté. Il fit plusieurs visites pour le sujet dont il s'agissait, à MM. Fumée, d'Argenson et Chaplet. Les premières furent assez inutiles. Cependant, à force d'importunité, il obtint remise d'un huitième de ce qui était dû par le Séminaire, pour les droits d'amortissement et de nouvel acquet, qui étaient l'objet de sa commission.

Après l'obtention de cette remise, qui réduisait la demande totale pour les droits susdits à 4,078 livres 15 sols 1 denier, le Séminaire paya cette somme, et en sus, celle de 407 livres 17 sols 6 deniers, à laquelle montaient les deux sols pour livres dues sur la première; mais ce ne fut pas sans beaucoup de difficultés. Car le Séminaire était alors beaucoup plus pauvre qu'il ne l'est aujourd'hui. *Il fut obligé d'emprunter*, dit M. Moulin, apparemment pour fournir aux receveurs des droits susdits ce qui leur était dû, ou pour remplir le vide que laissa dans la caisse du Séminaire le défaut des sommes susdites.

Un an ou deux après la conclusion de cette affaire, M. Moulin (1), après avoir passé cinq ans à Paris, revint au Séminaire de Quimper, où il trouve M. Kerineuf, qui était son ami particulier, et qui était docteur de Sorbonne. De Quimper, il fut envoyé à Plouguernével où il fut chargé de la procure pour la seconde fois. Il remplit cette place jusqu'en 1707, comme nous le verrons plus bas.

---

(1) On ne sait pas quand précisément M. Moulin partit pour Paris, ni quand il en revint. Tout ce qu'on sait, c'est qu'il fut envoyé à Plouguernével par M. Rannou, et par conséquent, en 1689, au plus tôt; qu'il alla à Paris après l'aventure de M. Lahuëc, ci-dessus rapportée, pp. 41 et suivantes, qu'après son retour il y resta jusqu'en 1707, au plus tard; qu'il y passa quatorze ans, y compris le temps antérieur à son voyage. Voy. sa relation, p. 4, *ad calcem*, et p. 6. Dans la même relation, p. 6, il est dit quand M. Moulin alla à Paris. *M. Le Coz qui y était*, revint à Plouguernével. Mais on ne dit lequel des *Messieurs Le Coz*; je doute que ce fût Henry.

Tôt après son retour à Plouguernével, il eut la douleur d'y voir mourir le pieux Supérieur de cette maison, M. Henry Le Coz, dont la mémoire est encore en grande vénération dans ces quartiers-là. On peut dire qu'il était le modèle des ecclésiastiques de son temps, par son zèle, sa sagesse et sa tendre piété.

Il avait été établi Supérieur de Plouguernével en 1682, comme je l'ai déjà remarqué. Quoiqu'il ne fût âgé alors que de vingt-sept ans seulement, il justifia, par la conduite qu'il tint pendant dix-huit ans qu'il eut cette qualité, le choix honorable qu'on fit de lui, pour la lui donner. *C'était, dit M. Moulin, un saint homme, studieux, laborieux, grand pénitencier, homme d'oraison, et un Elie en zèle; il mourut en odeur de sainteté.*

Les mémoires du temps ne font aucune mention de lui, quand ils parlent des affaires extérieures ou contentieuses du Séminaire, et de là, nous avons droit de conclure, ce semble, qu'il ne se mêlait aucunement du temporel, mais en laissait tout le soin au procureur de sa maison, ou à ses autres confrères, pour s'appliquer tout entier au spirituel.

Mais on voit que quand la charité l'appelait hors de la maison, il abandonnait avec empressement ses exercices de piété, pour aller rendre au prochain les services que lui doit un bon prêtre. Il prêchait chez lui et dans les missions, avec un zèle véhément qui l'a fait comparer au prophète Elie. Il instruisait jusqu'au milieu des campagnes; et l'on voit encore aujourd'hui, entre Plouguernével et Goarec, une fontaine auprès de laquelle on assure qu'il catéchisait les enfants, après y avoir pris, au retour de Goarec, où il disait souvent la messe, un déjeûner frugal qui consistait en un morceau de pain; et c'est sans doute de là qu'est venu le nom de *Fontaine de M. Le Coz*, que porte encore aujourd'hui cette fontaine. Il confessait beaucoup, et c'est en ce sens que M. Moulin l'appelle le *Grand Pénitencier*.

Un jour ou deux avant sa mort, il voulut aller à l'église recevoir la sainte communion; mais comme il était trop malade pour y aller sans secours, M. Philippe de Keryvon qui

4

était son confesseur, et qui fut depuis son successeur, fut obligé de lui prêter son bras pour le soutenir. Arrivé à l'église, il reçut le Saint-Sacrement dans de grands sentiments de piété.

Aussitôt qu'il eût rendu le dernier soupir, la nouvelle de sa mort s'étant répandue dans les paroisses circonvoisines, il vint pour assister à ses funérailles une foule immense de personnes de tout rang, qui le pleurèrent comme leur père.

Il fut enterré dans le même endroit où avait été enterré, en 1681, M. Picot. Le projet était d'abord de tirer de cet endroit les ossements de ce pieux fondateur, et de mettre en leur place le corps de M. Le Coz. Pour commencer l'exécution de ce projet, on exhuma la châsse de M. Picot. Mais le corps de M. Picot ayant été trouvé tout entier, à l'ouverture de sa bière, on prit le parti, après les premiers moments donnés à la surprise et à l'admiration, de le redescendre dans le même tombeau avec celui de M. Le Coz. Ce qui fut fait après un service solennel qu'on chanta pour le fondateur.

Tous ces faits sont constatés par les registres de Plouguernével, pour l'année 1700, où l'on lit ce qui suit :

« Le vingt-quatrième janvier, mil sept cent, fut inhumé « dans le cimetière de la paroisse de Plouguernével, dans la « tombe où avait été ci-devant inhumé Messire Maurice Pi- « cot, vivant recteur de ladite paroisse et fondateur du Sé- « minaire, le corps de vénérable et discret Messire Henry « Le Coz, prêtre, Supérieur du Séminaire, en ladite paroisse, « âgé de quarante-cinq ans, dont il avait passé dix-huit dans « ledit Séminaire, au service de la paroisse et dans la direc- « tion du tiers-ordre de Saint-François, dont il était le père « et le Supérieur en ces quartiers. Il avait reçu tous ses Sa- « crements par le ministère de Messire Philippe de Keryvon, « prêtre, directeur du Séminaire, et décédé le vingt-troi- « sième. Le convoi fut le plus solennel qu'on ait vu en cette « paroisse depuis plusieurs années, tant pour la qualité des « personnes qui y assistèrent, du clergé et de la noblesse, « que par l'affluence et concours de peuples qui le pleurè- « rent comme leur père ; et ont signé, Rannou, Supérieur

« du Séminaire de Quimper, et recteur; Ph. de Keryvon,
« prêtre; Corentin Le Coz, prêtre; M. Louboutin, diacre;
« G. Le Moulin, prêtre. »

A la marge de cet acte, on trouve ce qui concerne l'ouverture de la bière de M. Picot, l'état actuel de son corps, la
seconde inhumation et le service solennel fait pour lui à
cette occasion, comme je l'ai rapporté ci-dessus.

. . . .
. . . .
. . . .

Ici s'arrête l'historien des diocèses de Cornouailles, inter-
rompu, sans doute, par les troubles de la Révolution française
qui éclata vers cette époque. Nous regrettons d'autant plus
d'être privés d'un si bon guide, que nous ne trouvons
ailleurs que de rares documents pouvant tout au plus jalon-
ner la route du continuateur de cette histoire, pendant une
période de quatre-vingt-dix ans, c'est-à-dire de la mort de
M. Le Coz, en 1700, à l'acte de spoliation accompli par les
hommes de la Terreur en 1791.

Une des pièces les plus anciennes que nous possédions,
est un rapport adressé à l'Assemblée générale du clergé de
France en l'année 1730. Il contient, sur l'état matériel du
Séminaire et de la paroisse de Plouguernével, des détails
qui ne nous paraissent pas sans intérêt.

SÉMINAIRE ET PAROISSE
DE
PLOUGUERNÉVEL

« DÉCLARATION que donnent et fournissent les Supérieur
« et procureur du Séminaire de Plouguernével, à nos Sei-
« gneurs de l'Assemblée générale du clergé de France, qui

« sera tenue en l'année 1730, des biens et revenus du Sémi-
« naire, quoi qu'ils n'en aient que l'administration, étant uni
« à celui de Quimper, et n'en faisant qu'un, et ce, seulement
« pour satisfaire à la délibération du clergé de France du
« 12 décembre 1726.

« Le Séminaire de Plouguernével fut fondé par feu Messire
« Maurice Picot, prêtre, et lors recteur de Plouguernével,
« suivant acte des 9 janvier, 6 février 1669, au raport de
« Boischer, notaire, avec la charge de cinq prêtres séculiers
« et du diocèse *ad nutum episcopi*, pour le service du Sé-
« minaire, dont l'un doit être chargé des petites écoles, les
« autres des missions ; le même acte porte une union de la
« paroisse de Plouguernével et revenus d'icelle au Séminaire
« de Quimper qui en est le chef, en sorte que l'un et l'autre
« ne font qu'un même Séminaire dépendant de Monsei-
« gneur l'évêque de Quimper, et qu'il n'y a point d'autre
« titulaire. Le tout a été suivi de prise de possession, enre-
« gistrement et lettres-patentes des mois de mars 1671 et
« 20 décembre 1673.

« S'ensuivent les rentes de la fondation :

« La maison (1), consistant en un grand corps de logis, avec
« deux pavillons, maison d'école, maison à buée, écurie,
« hangar, cours et jardin, contenant un journal et demi de
« terre.

« La métayrie de Kerphilippe, tenue à simple ferme par
« Maurice Le Coedic, pour en payer par an de rente cent
« cinquante livres en argent, et vingt livres de beurre évalué
« à deux sols 6 d. la livre, faisant le tout cent cinquante-trois
« livres trois sols six deniers, cy . . .   153 l. 3 s. 6 d.

« Plus le moulin de Resmenguy, avec la dixme seigneu-
« riale y jointe de tous temps, peut valoir par année com-
« mune, suivant les derniers baux à ferme, la somme de cent
« quatre-vingt-sept livres dix sols, cy .   187 l. 10 s.   »

« Plus cent livres de rente constituée, payable par M. de

(1) D'après un autre titre que nous possédons, cette maison aurait été
bâtie sur l'emplacement et les ruines du vieux presbytère.

« Kerlivio Frollo, provenant du remboursement de la mé-
« tayrie de Kergal, mentionné en la sus-
« dite fondation, cy . . . .   100 l.   »   »

« Plus un pré, dit Favennou, pouvant raporter annuelle-
« ment dix à douze chartées de foein dont on jouit par mains,
« évalué par commune année à la somme
« de . . . . , ...   30 l.   »   »

« Plus trante-cinq livres saize sols trois deniers de rente
« constituée, due par les héritiers de Guillaume Douarin, sur
« le lieu de Kerscoadec, suivant ledit
« acte de fondation, cy . . . .   35 l. 16 s. 3 d.

« Plus dix-huit livres quinze sols huit deniers de pareille
« rente sur le lieu de Kerfloc'h suivant
« ledit acte, cy. . . . .   18 l. 15 s. 8 d.

« Et finalement, une rente de vingt-deux livres dix sols
« huit deniers de pareille nature sur le
« lieu de Kerbras, cy. . . . .   22 l. 10 s. 8 d.

        « TOTAL de la fondation. . . .   547 l. 15 s. 5 d.

« S'ensuit le revenu de la paroisse.

« La paroisse est divisée en huit cours de dixmes ou fra-
« ries, scavoir :

« Celle du bourg, dont partie est affermée, et l'autre par-
« tie levée par mains, et peut valoir année commune, sui-
« vant baux à ferme des 26 juillet 1724, par Le Moal,
« notaire, et 9e juillet 1726, par Follezou, notaire, la somme
« de cent neuf livres dix sols en argent, et trois sommes
« seigle, trois sommes avoine et trois sommes bled noir,
« mesure de Roternein, lesquelles évaluées suivant les ap-
« précis dudit Roternein des années 1713, 1714, 1715, 1716,
« 1717, 1718, 1723, 1724, 1725 et 1726, peuvent produire, à
« raison de 13 livres 2 sols la somme de seigle, de 8 livres
« 8 sols la somme d'avoine, de 11 livres 9 sols la somme
« de bled noir, font en tout la somme de   208 l.   7 s.   »

« Celle du Lannou valant l'an de ferme, suivant acte, la
« somme de cent cinq livres, cy . . .   105 l.   »   »

« Celle de Coatual, affermée à différents particuliers, sui-
« vant actes des 14 juillet 1724, 25 juillet 1726 et 27 juin
« 1728, la somme de trois cent onze livres
« cinq sols, cy . . . .   311 l. 5 s. »

« Celle des Deux-Eaux, affermée à différents particuliers,
« suivant actes des 30 juin 1724, 18 juillet 1723, 11 juillet
« 1727, la somme de trois cent quarante-
« huit livres, cy. . . . .   348 l. » »

« Celle de Saint-Thenenan, affermée à différents particu-
« liers, suivant baux des 18 août 1721, 9 juillet 1727 et 4 juil-
« let 1727, la somme de cent soixante-dix-
« huit livres dix sols, cy . . . . . .   178 l. 10 s. »

« Celle de la trève de Bonen, affermée à différents parti-
« culiers, suivant baux des 20 juin 1719, 17 juillet 1723, et
« 12 décembre 1727, la somme de quatre cent cinquante
« livres, cy . . . .   450 l. » »

« Celle de la trève annexe de Locmaria, affermée à diffé-
« rents particuliers, suivant baux des 20 juillet 1723, 14 juil-
« let 1727 et 4 juillet 1728, la somme de trois cent huit livres
« six sols par argent, et trois sommes de seigle, autant d'a-
« voine et autant de bled noir, mesure de Roternein, valant
« suivant les apprécis ci-dessus, la somme de quatre cent
« sept livres 3 sols, cy . . . .   407 l. 3 s. »

« Et finalement celle de la trève de Saint-Gilles-Goarec,
« valant année commune, la somme de cent quarante-sept
« livres, suivant baux, cy . . . . . .   147 l. » »

« Les casuels, compris les tiers des chapelles, peuvent
« monter, année commune, à la somme
« de cent livres, cy . . . .   100 l. » »

« TOTAL des rentes de la fondation. 2.808 l. » 5 d.

« S'ensuivent les charges :

« Pour réparation et entretien des bâtiments, la somme
« de trois cents livres, cy . . . . . , . 300 l. » »

« Pour les réparations de la métayrie de Kerphilippe,
« trante six livres, cy . . . .   36 l. » »

« Pour les réparations du moulin de Resmenguy, la somme
« de soixante livres, cy . . . . . . 60 l.   »   »

« Pour nourriture et entretien des cinq missionnaires, à
« raison de quatre cents livres chacun,
« deux mille livres, cy . . . . . . 2.000 l.   »   »

« Pour trois curés des trois trèves, à raison de cent
« cinquante livres chacun, la somme de quatre cent cin-
« quante livres, cy. . . . . 450 l.   »   »

« Plus, pour droits censeaux à Monseigneur l'Evêque ;
« pour idem à M. l'Archidiacre, trois li-
« vres douze sols, cy . . . . 3 l. 12 s.   »

« Au chapitre de Quimper, pour l'indemnité du droit
« d'annate, la somme de vingt livres par
« an, cy . . . . 20 l.   »   »

« TOTAL des charges. . . . . 2.869 l. 10 s.   »

« TOTAL des revenus. . . . . 2.803 l.   »   5 d.

« Partant, plus de dépenses que de
« revenus de. . . . . 66 l.   »   9 d.

« Nous soussignés..... »

LE SÉMINAIRE DE PLOUGUERNÉVEL

SOUS LES SUCCESSEURS DE M. PICOT

D'après ce que nous avons déjà relaté, le Séminaire de
Plouguernével avait primitivement un double but. Conformément aux intentions de son fondateur, il était à la fois une
maison d'éducation (1) et une résidence de missionnaires

---

(1) On ne peut douter que l'ancien Séminaire de Plouguernével n'ait
reçu des élèves. La qualité d'écolier était même un titre que l'on consi-

dont le nombre avait été fixé à cinq. Mais le chiffre régle-
mentaire variait selon les circonstances. En effet, ces prêtres,
prédicateurs ou professeurs, faisaient souvent des absences,
les uns, pour le ministère des missions, les autres, pour
leurs études. Ces derniers, après avoir enseigné pendant un
an ou deux, s'en allaient quelquefois à Paris, suivre les
cours de la Sorbonne, et revenaient ensuite à la résidence,
munis des grades théologiques.

Plusieurs d'entre eux étaient des hommes de science et de
doctrine qui arrivaient souvent aux premières dignités du
diocèse; c'étaient surtout des hommes de dévouement. Que
ne pouvons-nous retracer ici la vie de ces vieux maîtres qui
instruisirent nos pères! Nous y trouverions sans doute de
beaux exemples à présenter à ceux qui continuent leur
mission.

Mais, s'il ne nous est pas donné de raconter les œuvres,
nous pouvons du moins faire connaître les noms de ces
prêtres du Séminaire, comme ils s'appelaient modestement.

En effet, les recherches que nous avons faites nous per-
mettent de donner la série complète des Supérieurs de la
maison et de la plupart de leurs collaborateurs.

Ce ne sera, hélas! qu'une nomenclature bien sèche et bien
monotone. Peut-être, cependant, partagera-t-on quelquefois
l'émotion que nous avons éprouvée nous-même, en parcou-
rant les registres poudreux de nos archives. Que de labeurs,
que d'actes de vertu rappellent ces signatures d'un autre
âge, tracées souvent d'une main tremblante, sur des feuillets
à demi rongés par le temps! Ces noms, aujourd'hui tombés
dans l'oubli, étaient portés par des prêtres vénérables, dont
la vie s'est écoulée obscurément dans ce coin alors ignoré,
et presque barbare de notre Cornouaille. Ce sont eux qui,
les premiers, ont enfoncé le soc dans le champ que d'autres
sont venus cultiver après eux; et si leurs successeurs récol-

gnait dans les actes publics. « Le 11 avril 1762, enterrement de Christophe
« Corel, fils du sénéchal de Langonnet, *écolier*, âgé de 14 ans. » (Registres paroissiaux de Plouguernével.)

tent aujourd'hui dans la joie et l'abondance, ils ne doivent pas oublier ceux qui ont planté et semé dans un sol arrosé de leurs sueurs et souvent de leurs larmes.

Sit memoria illorum in benedictione!

L'historien des Séminaires de Cornouaille, dont les mémoires nous ont été si précieux, nous apprend dans une note annexée à son manuscrit, que la maison de Plouguernével ne paraît pas avoir eu de Supérieur en titre avant la mort de M. Picot. En effet, M. Abgrall, de même que M. Paillard et M. Jacques Rannou (1), fut à la fois Supérieur des deux Séminaires de Quimper et de Plouguernével. De là, une certaine confusion. Le vénérable fondateur, lui-même, porta pendant quelques années le titre de Supérieur général, en continuant de diriger simultanément la paroisse et le Séminaire de Plouguernével. Mais M. Henri Le Coz qui lui succéda, doit être considéré comme le premier Supérieur particulier de cet établissement.

—

1682-1700

M. Henri Le Coz, supérieur

M. H. Le Coz, dont notre historien anonyme nous a fait connaître la sainte vie, couronnée par une si belle mort, avait eu d'abord pour collaborateurs les premiers compa-

---

(1) Ces Messieurs ne résidant pas à Plouguernével, on donnait souvent le titre de Supérieur ou de Recteur, tantôt à l'un, tantôt à l'autre des directeurs résidants. En 1681, le sénéchal de Hennebont, en délivrant les registres paroissiaux de Plouguernével, les adressa à M. P. Porellec, *recteur* de Plouguernével. En 1684, il les adressa à M. François Pierre, *recteur* de Plouguernével. En 1691 et 1694, c'est à M. Yves Lahuëc, qu'il qualifie de *prestre-supérieur* de la paroisse de Plouguernével. (Note de M. l'abbé Le Gall, vicaire à Maël-Carhaix, auquel nous devons d'autres précieux renseignements.)

gnons de M. Picot, auxquels d'autres vinrent successivement s'adjoindre.

Nous en donnons ici la liste que nous croyons complète :

MM. Pierre Porellec.
François Pierre.
Henri Le Bec.
Guillaume Caro.
Louis Richer de Coatsal.
Marc Cadic.
Yves Lahuëc.
Le Moulin.
Jacques Rannou.
Philippe de Keryvon.
Jean-Baptiste de Keryvon.
Hervé Le Coz.
Jean-Gabriel Le Coz.
Corentin Le Coz.
Marc Louboutin.
Michel Le Scourr.
Michel-Elouan Poullaouec.

Nous avons déjà fait connaissance avec quelques-uns de ces premiers directeurs du Séminaire de Plouguernével.

Outre les particularités qu'il nous a signalées ci-dessus, l'historien des Séminaires de Cornouaille écrit ailleurs que MM. Jacques Rannou et Guillaume Caro, l'un et l'autre docteurs en Sorbonne, devinrent plus tard Supérieurs du Séminaire de Quimper. Le premier mourut le 20 mars 1701; le second, vers l'année 1722. On voit déjà qu'on ne choisissait pas les moindres sujets du diocèse pour directeurs de la nouvelle maison de Plouguernével (1).

L'auteur de la *Vie du Père Maunoir* nous apprend aussi que MM. Guillaume Caro, Yves Lahuëc et Louis Richer de Coatsal, étaient honorés de l'amitié du saint missionnaire, ce

(1) Tableau chronol. des Supérieurs du Sémin. de Quimper.

qui nous paraît un vrai titre de gloire pour des prêtres de cette époque.

« J'ai bien connu le P. Julien Maunoir, de la Compagnie « de Jésus, missionnaire en Basse-Bretagne ; j'ai même vécu « avec lui dans l'intimité, dit devant les juges ecclésiasti- « ques M. Guillaume Caro, alors vicaire-général de Quim- « per (1).

« Si quelqu'un a connu le P. Maunoir, disait à son tour « devant les juges M. Y. Lahuëc, vieillard de quatre-vingts « ans, celui-là, c'est bien moi qui, pendant vingt ans, l'ai « accompagné dans ses missions; moi qui ai été le témoin « oculaire de ses héroïques vertus. Je serais vraiment in- « grat, si je venais à oublier celui qui m'a servi de guide « et de maître dans les missions (2). »

M. de Coatsal fut encore plus privilégié. Il eut le bonheur d'assister à la mort du P. Maunoir; et c'est à lui que le ser- viteur de Dieu adressa cette parole frappante : « *Présentez donc une chaise à M. Michel Le Nobletz* ». C'était à ce mo- ment solennel où le saint missionnaire voyait aux pieds de son lit l'image de son bien-aimé Maître (3).

M. de Coatsal fut même honoré d'une bénédiction spéciale du vénérable moribond; et cette bénédiction d'un saint sem- bla avoir été pour lui-même le prélude de sa pieuse mort, qui arriva quelques mois plus tard. Nous lisons, en effet, dans les registres ecclésiastiques de Plouguernével :

« Le 29e jour de mars 1683, fut inhumé dans le cimetière « de l'église paroissiale de Plouguernével, le corps de véné- « rable et discret escuyer Messire Louis Richer, seigneur de « la maison noble de Coatsal, dans Lannivijen, tresve de la « paroisse de Guiscriff, et digne-prestre missionnaire, aagé « d'environ 56 ans ou 57 ans, décédé au Séminaire situé « dans cette paroë de Ploug..... Le convoy se fit en grande « assemblée, aux présences de Messire Allain Hamon, Allain

(1) *Hist. du P. Maunoir*,, par le P. Séjourné. T. II, p. 237.
(2) *Ibidem*, t. II, p. 247.
(3) *Ibidem*, t. II, p. 301.

« Legal, Tanguy Iziquel, Jean Kervelen, prestres du dit
« Plouguernével et autres. »

L'année suivante, le Séminaire de Plouguernével fit une
nouvelle perte dans la personne de M. M. Cadic, ce prêtre
dont nous a parlé notre historien anonyme, et qui mourut à
l'époque du Carême, pendant qu'il prêchait la station à Plouguernével et à Plounévez-Quintin.

Nous revenons à dessein sur cette circonstance, car nous
y trouvons la preuve que, dès les premières années de la
fondation, ces Messieurs du Séminaire se livraient déjà au
ministère de la prédication.

1701-1711

Supérieur :

PHILIPPE DE KERYVON

Directeurs.
{
Corentin Le Coz (1).
Le Moulin:
Louboutin.
Adrien Rannou.
}

Il y avait déjà dix ans que M. de Keryvon était attaché au
Séminaire de Plouguernével, lorsque mourut M. H. Le Coz.
Il dut sans doute à ses services passés et à son mérite personnel l'honneur de succéder à ce vénérable Supérieur.
Nous ne connaissons aucune particularité, ni sur sa personne,
ni sur le temps de sa supériorité. Nous savons seulement
qu'il gouverna la maison pendant dix ans, et qu'il mourut le
27 août 1711, comme en fait foi l'acte ci-dessous, extrait des
registres paroissiaux de Plouguernével.

« Le 28 août 1711, fut inhumé au cimetière de céan, du

(1) Afin de donner le personnel complet des directeurs sous chaque
Supérieur, nous continuons à inscrire les noms des mêmes prêtres aussi
longtemps qu'ils paraissent avoir fait partie de la communauté.

« cotté droit de la tombe de Monsieur le fondateur, le corps
« de noble et discret Messire Philippe de Keryvon, aagé
« d'environ 59 ans, Supérieur du Séminaire de Plouguerné-
« vel, incorporé en la communauté depuis plus de vingt ans,
« décédé le jour précédent en présence de plusieurs ecclé-
« siastiques et laïques, ayant reçu tous les Sacrements par
« le ministère de Messire Adrien Rannou, prestre, procu-
« reur du dit Séminaire. Les obsèques ont estez faites par
« noble et discret Messire Gilles Lymon, recteur de Glomel,
« chanoine de Quimper, docteur en Sorbonne, accompagné
« de Messieurs ses prestres, et de Messieurs du clergé de
« Rostrenen, et du corps de cette paroisse, qui a esté en
« grande foule de peuple. En foy de quoy ont signés les
« soussignants :

Jean Boscher, prestre.
René Le Du, prestre.
Yves Ropers, prieur de Saint-Jacques et curé de Rostrenen.
Jacques-Raoul de Kerlan, ancien chanoine, et chantre de Rostrenen.
Pierre Conan, organiste.
Trémel, sacriste.
Pierre Jégou, prestre.

M. Louboutin, prestre.
Louis Le Joncour, prestre.
Guillaume Josse, prestre.
Sébastien de Cillars, chanoine.
Rolland Le Pape, chanoine.
Hiér. Oréal, prestre.
Corentin Le Coz, prestre du Séminaire.
G. Lymon, recteur de Glomel et chanoine de Quimper.

1711-1716

Supérieur :

JULIEN LE GOFF, docteur en Sorbonne, vicaire-général de Mgr l'Evêque de Quimper.

Directeurs. { Corentin Le Coz. Adrien Rannou. Marc Louboutin.

Le supériorat de M. Le Goff fut marqué par un terrible

accident qui attrista toute la paroisse. Nous trouvons, en effet, dans les registres mortuaires, l'acte ci-dessous, dont le titre seul attire l'attention :

Accablée sous les ruines de l'église paroissiale.

« Louise Puill, de Kervelentou, 63 ans, inhumée le 21 fé-
« vrier 1713, au second rang et au second pillier, du costé
« du midy... décéda au bourg, à l'issue de la grand'messe.
« La dite Puill ayant esté accablée à la sortie de la grande
« messe environ midy, sous les ruines de l'esglise paroissiale.
    « Signé : R. Le Puill,   Corentin Le Coz,
                     « prestre du Séminaire. »

Les paroissiens de Plouguernével s'empressèrent, paraît-il, de réparer ce désastre. Dès l'année 1717, l'église était reconstruite, et l'évêque de Quimper, en cours de visites pastorales, en faisait la bénédiction solennelle.

« Le 10 juin 1717, fut bénite l'église paroissiale de Plou-
« guernével, par l'Illustrissime et Révérendissime Seigneur
« François-Hyacinthe de Ploec, evesque et comte de Cor-
« nouaille, en cours de visite épiscopale, où assistèrent les
« paroisses de Moëlou, Rostrenen et Laniscat, en présence
« aussi des soussignants, prêtres du Séminaire (1) :

    Corentin Le Coz, prestre.
    Guillaume Nicol, prestre.
    René Le Du, prestre.
    Guillaume Josse, prestre.
    G. Guyader, prestre.
    M. Louboutin, prestre.
    A. Rannou, prestre.

C'est cette église relevée de ses ruines, et portant la date de 1715, qui se voit encore aujourd'hui tout près des bâtiments du Séminaire, dont l'histoire est si intimement liée à la sienne.

(1) Archives paroissiales de Plouguernével.

1716-1727

Supérieur :

GUILLAUME GUYADER

Directeurs. {
Louboutin.
Corentin Le Coz.
Adrien Rannou.
Guillaume Nicol.
Jean Le Gorjeu.
Guillaume Noury.
Nicolas Galeron.
}

L'historien des diocèses de Cornouailles mentionne, sans en préciser l'époque, des *brouilleries* qui arrivèrent à propos des inhumations dans l'église.

Il y eut, en effet, des troubles à ce sujet dans la paroisse de Plouguernével, et, ils se manifestèrent pendant que M. Guyader y remplissait les fonctions de Supérieur et de Recteur. Plusieurs de ses paroissiens, bravant les ordonnances des évêques et les arrêts des parlements, ne craignaient pas de recourir aux voies de fait pour continuer à enterrer leurs morts dans l'église. Ces scènes scandaleuses se renouvelaient à tout instant, et l'irritation était générale. Elle paraît cependant avoir été plus vive sur certains points de la paroisse; les gens de la région du Blavet, par exemple, se signalèrent parmi les plus récalcitrants. En effet, dans l'espace de quelques mois, le village de Berzoc'h fournit à lui seul six des inhumations séditieuses relatées par M. Guyader.

Un seul exemple apprendra dans quelles conditions s'accomplissaient ces actes de violence :

« Le 28 novembre 1726, Hervé Le Bihan, assisté de Ger-
« main Le Bihan, son frère, de Kerberre, ayant apporté dans
« l'église le corps d'une petite fille, âgée d'environ quatre
« ans, pour être inhumée, je certifie, qu'assisté de Messieurs
« les prêtres, a scavoir M. Hamon, M. Le Du et M. Saladin,

« nous avons chanté l'office de l'enterrement des enfants, et
« sommes sortis de l'église jusqu'à la fosse faite dans le ci-
« metière pour une grande personne, dans l'espérance qu'ils
« l'y auraient enterrée. Mais ils ont retourné à percer dans
« l'église, et l'ont inhumée de leur autorité privée, assistés
« de Jean Jégu. En foy de quoi je signe

« G. GUYADER. »

Ces désordres ne manquèrent pas d'attrister la carrière
pastorale de M. Le Guyader.

D'un autre côté, il eut la douleur de perdre deux prêtres
attachés depuis plusieurs années au Séminaire, MM. Adrien
Rannou et Marc Louboutin, qui moururent à quelques mois
d'intervalle, comme l'indiquent les actes de leur sépulture.

« Le 14 septembre 1725, fut inhumé au cimetière, près du
« bas du reliquaire, le corps de Messire Adrien Rannou,
« procureur du Séminaire, ayant reçu tous ses Sacrements,
« par M. le Recteur de Pellan en Vennes, et M. le Doyen de
« Rostrenen; et ont assisté au convoy, les soussignants :
« Marc Louboutin, prestre; Pierre-Louis Le Métayer, recteur
« de Plélauff; T.-P. du Leslay, doyen de Rostrenen; Guil-
« laume Noury, prestre; J. Kersivien, recteur de Plounévez-
« Quintin; Bigaignon, prestre; Guillaume Nicol. »

« Ce jour, 25 feuvrier 1726, a été inhumé au cimetière, le
« corps de Messire Marc Louboutin, prestre du Séminaire
« de Plouguernével, âgé d'environ 50 ans, mort le jour pré-
« cédent, après avoir reçu ses Sacrements, et ont assisté au
« convoy les prestres soussignants et autres qui ne signent,
« avec Messire Jean de Kersivien, recteur de Plounévez, qui
« a célébré les funérailles : G. Guyader, prestre supérieur;
« Guillaume Nicol, prestre; Guillaume Noury, prestre (1). »

M. Guyader mourut lui-même le 8 avril 1727, et il reçut sa
sépulture dans ce cimetière où ses paroissiens avaient tant
de peine à accepter la leur.

(1) Registres de la paroisse de Plouguernével.

Quant à M. Gorjeu, dont il est fait mention plus haut, il devint Supérieur du Grand Séminaire de Quimper et chanoine de la cathédrale. Il mourut le 23 novembre 1775 (1).

—

1728-1767

Supérieur :

GUILLAUME NICOL, docteur en théologie.

Directeurs.
Jean Lachren.
Guillaume Noury.
Nicolas Galeron.
Etienne Cadic.
Maurice Coédic.
Yves Le Picol.
Grégoire Denys.
Pierre Servel.
Yves Le Coédic.
Perrichon.
Louis Le Caro.
Jean Tilly.
Joseph-Gervais Georgelin.
Jean-François Briand.
Yves Poho.

Pendant que M. Nicol remplissait les fonctions de Supérieur, l'église de Plouguernével fit l'acquisition de deux cloches, dont la bénédiction eut lieu le 10 août 1751. Cette cérémonie, qui intéressait à la fois le Séminaire et la paroisse, dut avoir de l'éclat et de la solennité, si l'on en juge par la qualité des personnages qui y prirent part.

La première cloche, qui était du poids de 912 livres, reçut les noms de Marie-Pierre-Françoise-Marie. Elle eut pour

(1) Tableau chronologique des Supérieurs du Sém. de Quimper.

parrain, escuyer François-Pierre Lecardinal, comte de Kernier, représenté pas escuyer Yves Raoul, seigneur de Kerlan; et pour marraine, dame Marie-Renée de Kerhoënt de Locmaria-Coatanfao, dame douairière de Coathual.

La seconde, qui pesait 670 livres, fut nommée Jeanne-Renée-Louise-Olive. Le parrain était escuyer Jean-René Le Borgne, chevalier, seigneur du Penker; la marraine, dame Louise-Olive Le Chaponnier, dame de Coathual.

M. Nicol présidait, et bénit lui-même les deux cloches qui devaient prêter leurs voix pour les fêtes de son collège comme pour celles de sa paroisse.

Ce prêtre vénérable mérite ici un souvenir tout spécial. De tous les Directeurs et Supérieurs de Plouguernével, il n'en est pas un autre qui ait fourni une aussi longue carrière. Entré au Séminaire en 1716, il y resta, sans interruption, jusqu'à sa mort qui n'eut lieu qu'en 1767. C'est donc plus de cinquante années de sa vie qu'il consacra au service de cette maison.

Il mourut le 28 décembre 1767, étant âgé de 80 ans, et fut inhumé, le 29 du même mois, dans le cimetière de l'église paroissiale. On cite, comme ayant assisté à ses funérailles, un de ses neveux nommé Guillaume Le Coëdic, Le Bris, chanoine de Rostrenen, Jean-François Briand, Yves Poho et Noury, prêtres du Séminaire. Maigre assistance, sans doute, pour un Supérieur qui, à ses longs services dans la maison, joignait le titre de Vicaire Général de Quimper. Mais il faut tenir compte de la difficulté des communications avec Plouguernével.

Etienne Cadic, qui figure dans la liste des Directeurs mentionnés ci-dessus, était né à Guiscriff en 1702. Il fut ordonné prêtre en 1726, et envoyé à Plouguernével où il passa douze ans. Il devint ensuite recteur de Spézet en 1740, et de Poullaouen en 1747. « Grand homme de bien en tout genre. » Telle était la note de ce bon prêtre, écrite de la main de Mgr de Saint-Luc, évêque de Quimper.

Yves Le Picol, un de ses confrères, quitta le Séminaire de

Plouguernével pour devenir Supérieur de celui de Quimper; mais il n'occupa ce dernier poste que quelques mois; nommé le 27 septembre 1775, il mourut le 27 décembre de la même année. Il était chanoine de la cathédrale.

—

1767-1772

Supérieur :

GUILLAUME NOURY

Directeurs. { Joseph-Gervais Georgelin.
Yves Poho.
Philippe Quélen.
Louis Le Caro.
Jean-François Briand.
Tugdual Hervé.

Comme la plupart de ses prédécesseurs, M. Guillaume Noury mourut dans l'exercice de ses fonctions.

« Le 8 janvier 1772, a été inhumé au cimetière, le corps « de Messire Guillaume Noury, Supérieur du Séminaire de « Plouguernével, mort hier au dit Séminaire. Ont assisté à « la sepulture, les soussignés : Thudual Hervé, prestre et « directeur du Séminaire; Jean-François Briand, Ph. Qué- « len, Yves Poho, prestres du Séminaire (1). »

M. Jean-François Briand, qui était bachelier de Sorbonne, mourut lui-même au Séminaire de Plouguernével, le 30 mars 1772, à l'âge de 37 ans.

M. Tugdual Hervé était né à Guiscriff en l'année 1743. Ordonné prêtre en 1769, il fut envoyé au Séminaire de Plou-

(1) Registres de sépult. de Plouguernével.

guernével, où on lui confia plus tard la charge de procureur. Il fut appelé au même titre au Séminaire de Quimper
en 1781.

—

1772-1775

Supérieur :

LOUIS LE CARO

Directeurs. {
Yves Poho.
Ph. Quélen.
Tugd. Hervé.
Hervé Le Coq.

M. Louis Le Caro, qui fut nommé Supérieur à la mort de
M. G. Noury, ne nous a laissé le souvenir d'aucune particularité se rattachant à sa personne. Nous savons qu'il cessa
ses fonctions en 1775, mais nous ignorons ce qu'il devint en
quittant le Séminaire de Plouguernével.

—

1775-1786

Supérieur :

YVES POHO

Directeurs. {
Tugd. Hervé.
Hervé Le Coq.
Alain Dumoulin.
René Boisberthelot.
François Le Coz.
Yves Le Coz.
P. Le Coguiec.

M. Yves Poho, né à Merléac en 1740, avait été ordonné prêtre en 1764. L'année suivante, il fut envoyé comme professeur au Séminaire de Plouguernével, et mérita d'être nommé Supérieur en 1775. Il y avait déjà huit années qu'il en remplissait les fonctions, gouvernant sa maison *au contentement de tout le canton* (1), quand il fut confirmé dans sa charge par une ordonnance de Mgr l'Evêque de Quimper, dont voici la teneur :

NOMINATION
D'UN SUPÉRIEUR
—

« Ordonnance de Monseigneur de Saint-Luc, 1783. Le
« Séminaire établi dans notre diocèse, et qui a deux mai-
« sons, l'une dans notre ville épiscopale, l'autre, dans la pa-
« roisse de Plouguernével, étant maintenant dépourvu d'un
« Supérieur général, par la mort de M. Guillaume Raoult,
« chanoine, dernier Supérieur général, nous nous trouvons
« obligés de pourvoir à ce que cette place soit dignement
« remplie.

« A ces causes, connaissant les bonnes qualités de
« M. Henri-François Liscoat, l'un des directeurs de notre dit
« Séminaire, nous l'avons nommé Supérieur général de notre
« Séminaire, pour régir et gouverner les deux maisons qui
« en dépendent. Et afin que la cure de Plouguernével, unie
« à notre dit Séminaire, et dont l'union a été confirmée par
« l'autorité du Roy, soit bien servie comme elle a été par le
« passé, nous ordonnons au sieur Liscoat d'entretenir dans
« la maison de Plouguernével, comme on l'a fait jusqu'à pré-
« sent, un nombre suffisant de prêtres séminaristes pour
« servir à la dite cure sous le sieur Yves Poho, par nous cy-
« devant établi Supérieur particulier de la dite maison de
« Plouguernével, et premier pasteur de cette paroisse.

« Donné en cours de nos visites, le 6 mai 1783. »

(1) Notes de l'évêché de Quimper.

Au supériorat de M. Poho se rattache un événement qui mérite d'être signalé.

L'œuvre du Séminaire avait pris de tels développements que l'espace manquait aux maîtres et aux élèves. On dut donc songer à élargir les murs élevés par M. Picot. La première pierre des nouvelles constructions fut solennellement bénite, le 17 mars 1784, par un délégué de Mgr l'Evêque de Quimper, assisté de toutes les notabilités du pays; et à l'issue de la cérémonie, on en dressa un procès-verbal, dont une copie fut soigneusement déposée dans les fondations.

Plus tard, à 93 ans de distance, quand on procèdera à la démolition définitive de l'ancien Séminaire, on retrouvera cette pièce précieuse, scellée dans la pierre, et dans un état parfait de conservation.

Nous sommes heureux d'en donner ici la reproduction :

« L'an mil sept cent quatre-vingt-quatre, le dix-sept mars,
« vers les onze heures du matin, agissant en vertu de la
« commission à nous adressée par Monseigneur l'Evêque de
« Quimper, certifions et rapportons que, nous étant trans-
« porté à l'emplacement où doit être construit le nouveau
« bâtiment du séminaire de Plouguernével, revêtu de sur-
« plis et étole, accompagné de dom Quartier, prieur de
« l'abbaye de Bon-Repos, de messires Yves Poho, supé-
« rieur du dit séminaire, Hervé Le Coq, procureur, François
« Le Coz, Alain Dumoulin, Pierre Le Coguiec, prêtres, di-
« recteurs du même séminaire; François Le Milin, curé de
« Locmaria-Gauden; François Saint-Jalmes, curé de la trève
« de Saint-Gilles-Gouarec; Jean Poëzévara et Jean Prigent,
« prêtres de Plouguernével, nous aurions fait la bénédiction
« de la première pierre du dit bâtiment; que l'on aurait ren-
« fermé dans la dite pierre une petite boîte de plomb conte-
« nant les sceaux du mon dit seigneur évêque, empreints
« sur une plaque de plomb, avec cette légende autour de
« l'écusson : Tussanus Fr. Jos. Conen de Saint-Luc, episc.
« corisop., cornub. comes; les armes de MM. les abbés Des-
« cognets, de Larchantel et du Laurent, mises en cire d'Es-

« pagne sur trois plaques de plomb, avec les noms de mes
« dits sieurs au dos de chaque plaque ; une troisième plaque
« de plomb, où sont inscrits les noms de messieurs les di-
« recteurs du séminaire de Plouguernével, comme il suit :
« messieurs Yves Poho, supérieur, Hervé Le Coq, procu-
« reur; Fr. Le Coz, d^{tr}; A. Dumoulin, d^{tr}; Pierre Le Co-
« guiec, d^{tr}.

« Certifions et rapportons de plus qu'on aurait placé dans
« la même pierre, une inscription gravée sur une feuille de
« cuivre, dont la teneur suit : Divis Carollo Borrom. et
« Franc. Salesio .. anno domini 1784, mense martio, hunc
« lapidem posuit illust. rever. DD. Tussanus Fr. Jos. Conen
« de Saint-Luc, episc. corisopit. una cum claris. et nobilis.
« viris Ren. Sebast. Descognets de Correc. doct. Sorb. abb.
« reg. S. Mevenni abb. com. insig. eccl. corisopit. can. et
« archid. primario vic. gen. — Et Lud. Joan. Gillard de Lar-
« chantel in jure can. licent. ejusdem eccl. can. et præcant.
« vic. gen., necnon Alex. Hyac. du Laurent de la Barre,
« doct. Navar. can. dictæ eccl. archid. de Poher offic. et
« vic. gen.

« Qu'ensuite la dite première pierre aurait été placée à
« l'angle du nord du bâtiment par Monseigneur l'illustrissime
« et révérendissime Toussaint-François-Joseph Conen de
« Saint-Luc, évêque de Quimper, comte de Cornouaille, con-
« seil. du Roi en tous ses conseils, etc., représenté par mes-
« sire Philippe Quélen, recteur de Laniscat; — par messire
« René-Sébastien Descognets de Correc, docteur de Sor-
« bonne, abbé commandataire de l'abbaye royale de Saint-
« Meen, chanoine, grand archidiacre de l'église cathédrale
« de Quimper, vicaire général du dit diocèse, représenté
« par messire Yves Poho, supérieur du dit séminaire; —
« par messire Louis-Jean Gillard de Larchantel (1), licencié
« en droit canon, chanoine, comte de Landeleau, grand
« chantre de l'église cathédrale de Quimper, et vicaire gé-

_____

(1) M. de Larchantel est tombé martyr de la foi sous les balles révolu-
tionnaires, à côté de Mgr de Hercé.

« néral, représenté par dom Quartier, prieur de l'abbaye de
« Bon-Repos ; — par messire Alexandre-Hyacinthe du Lau-
« rent de la Barre, docteur en théologie de la Faculté de
« Paris, de la maison de Navare, chanoine de la dite église
« cathédrale de Quimper, archidiacre, comte de Poher,
« vicaire général et official, représenté par messire François
« Le Coz, prêtre, directeur du dit séminaire ; — par mon-
« sieur l'abbé Floyd, recteur de Plusquellec et vicaire géné-
« ral du dit diocèse, représenté par messire Hervé Le Coq,
« prêtre, procureur du dit séminaire ; — par monsieur l'abbé
« Boissière, vice-promoteur du dit diocèse, représenté par
« messire Alain Dumoulin, prêtre, directeur du dit sémi-
« naire ; — par le révérend père La Tour, représenté par
« messire Pierre Le Coguiec, prêtre, directeur du dit sémi-
« naire ; — par Marguerite-Gabrielle Picot, demoiselle de
« Coëthual ; — par messire César-Auguste-Servant-Louis Le
« Yard du Clesmeur.

« De tout quoi nous avons dressé le présent procès-verbal
« en présence des soussignés, qui ont assisté à la dite céré-
« monie. Fait double au séminaire de Plouguernével, les dits
« jour et an que dessus, pour être déposé une copie aux ar-
« chives du secrétariat de l'évêché de Quimper, et l'autre aux
« archives du dit séminaire de Plouguernével.

« Ph. Quélen, recteur de Laniscat ; F. Quartier, prieur de
« Bon-Repos ; Y. Poho, sup. du séminaire et recteur de
« Plouguernével ; F. Le Coz, prêtre, directeur du sémi-
« naire ; Hervé Le Coq, procureur du séminaire ; A. Du-
« moulin, prêtre, directeur du séminaire ; Le Coguiec,
« prêtre, directeur du séminaire ; Marguerite-Gabrielle
« Picot de Coëthual ; César-Auguste-Servant-Louis Le Yard
« du Clesmeur. »

Nous ignorons ce que devint M. Poho quand il cessa ses
fonctions de Supérieur. Il ne paraît pas qu'il soit mort à
Plouguernével.

1786-1791

Supérieur :

HERVÉ LE COQ

Directeurs.
Alain Dumoulin.
François Le Coz.
Pierre Le Coguiec.
Yves Le Coz.
François Le Pennec.
Jean Le Rigoleur.
Guillaume Le Louédec.
Joseph-Anne Le Garrec.
Guillaume Le Toullec.

Le nouveau Supérieur de Plouguernével était né à Mûr, en 1750. Il était déjà employé au Séminaire, n'étant que simple diacre, quand il fut ordonné prêtre, avec dispense d'âge, aux Quatre-Temps de la Saint-Mathieu de l'année 1773. En 1781, on lui confia les fonctions de procureur, et en 1786, il fut nommé Supérieur (1).

En prenant le gouvernement de la maison, M. Le Coq y trouva un certain nombre de prêtres qui avaient été ses collègues et qu'il conserva quelque temps auprès de lui. Peut-être ne lira-t-on pas sans intérêt les courtes notices que nous nous sommes procurées sur quelques-uns de ces vénérables directeurs.

M. Yves Le Coz devint, après la Révolution, curé d'office de Maël-Carhaix, et mourut recteur de Carnoët.

M. Pierre Le Coguiec, né à Canihuel en 1752, fut ordonné prêtre en 1776. Après avoir exercé le saint ministère à Pleyben, en qualité de vicaire, de *curé*, comme on disait alors, il fut nommé directeur au séminaire de Plouguernével en l'an-

(1) Notes de l'évêché de Quimper.

née 1783. De là, il fut transféré au séminaire de Quimper où il remplissait les fonctions de procureur, quand éclata la Révolution française. Ce fut lui qui, en l'absence du Supérieur, répondit au commissaire du gouvernement qu'il était prêt à rendre compte du mobilier de la maison, mais déclarant, en même temps, que ses confrères et lui étaient bien décidés à refuser le serment schismatique à la constitution civile du clergé. Il émigra à Jersey (1).

Un souvenir tout particulier est dû ici à un autre des prêtres qui ont fait le plus d'honneur à l'ancien Séminaire de Plouguernével, M. Alain Dumoulin.

« Il était né le 8 novembre 1748 à Lanvéoc, trève de la
« commune de Crozon, aujourd'hui érigée en paroisse (2).
« Au sortir du Grand Séminaire, il fut nommé professeur
« au collège de Plouguernével. Après y avoir enseigné pen-
« dant quelques années, il devint recteur de la paroisse
« d'Ergué-Gabéric, à deux lieues de Quimper. C'est là que
« la Révolution le prit et l'obligea à émigrer. Il se retira
« d'abord à Liège, en Belgique, puis à Prague, en Bohême,
« où il passa la plus grande partie de son exil, et où il ob-
« tint une place de précepteur dans une famille princière
« du pays.

« M. Dumoulin était excellent humaniste et parlait très
« bien le latin ; dans les moments de loisir que lui laissait
« son emploi de précepteur, il cultivait ses classiques et vi-
« sitait les hommes les plus distingués de la savante ville.
« Il en était très recherché, sans doute en sa qualité d'émi-
« gré (car on s'intéresse toujours au malheur), mais aussi à
« cause de son commerce agréable, de son esprit cultivé, et
« de sa facilité à parler la langue latine. On lui en faisait
« souvent compliment. C'est étonnant, lui disait-on, que
« vous vous exprimiez si bien et si aisément en latin, vous
« qui êtes Français, car chez vous le latin se parle peu.

(1) Notes de l'évêché de Quimper.
(2) Il était l'oncle maternel et avait été le premier précepteur de Monseigneur Graveran, évêque de Quimper.

« Il y avait, à Prague, une académie littéraire, qui donnait
« au concours, chaque année, divers sujets de composition
« latine. M. l'abbé Dumoulin y obtint une fois le premier
« prix (une médaille d'or); une seconde fois, le premier ac-
« cessit; et deux fois le second prix, qui consistait en une
« médaille d'argent. Le sujet de la première composition
« était l'éloge de la Bohême : *Encomium regni Bohemiæ*.
« Mgr Graveran racontait qu'étant tout jeune, chez son on-
« cle, M. Dumoulin, il avait vu et tenu entre ses mains la
« médaille d'or, prix de l'éloge de la Bohême (1). »

Les membres de notre Association, parmi lesquels on
compte plusieurs amis des muses latines, seront sans doute
heureux de connaître la coupe et le caractère de ces beaux
vers, dont l'auteur chanta peut-être les landes et les bruyères
de la Cornouaille, avant de célébrer les gloires de la Bohême.
Nous reproduisons la pièce *in extenso* à la fin de cette étude,
et nous la recommandons tout particulièrement à nos jeunes
élèves, qui y trouveront un beau modèle de l'élégante lati-
nité qu'on enseignait, au siècle dernier, dans l'ancien séminaire de Plouguernével.

A son retour de l'émigration, tôt après le Concordat,
M. Dumoulin revint dans son ancienne paroisse d'Ergué-
Gabéric, où il ne resta que peu de temps, par suite de sa
nomination à la cure de Crozon. Il devint successivement
chanoine honoraire, curé de la cathédrale de Quimper, et
vicaire général de Mgr Dombideau de Crouseilhes. Il mourut
en l'année 1811, pleuré de ses paroissiens qui l'aimaient
comme un père, et laissant dans tout le diocèse de Quimper
la réputation d'un saint prêtre.

Pendant son exil à Prague, M. Dumoulin, à la prière de
plusieurs amis qu'il s'était faits dans ce pays, composa une
grammaire latino-celtique, qui a pour titre : *Grammatica
latina-celtica, ab Alano Dumoulin, presbytero*, Encomii
regni Bohemiæ authore, composita. — Pragæ Bohemorum,
1800, in-8°.

(1) L'abbé Téphany, *Vie de Mgr Graveran*.

Outre cet ouvrage, M. Dumoulin a écrit en breton un petit livre intitulé : *Hent ar barados*, ou le *Chemin du Paradis*,
suivi d'un abrégé de la vie de plusieurs saints de Bretagne :
Buez emeus cant sant eus a Vreiz (1).

A côté du nom de M. Dumoulin, il s'en place un autre qui
n'est pas une moindre gloire pour l'ancien Séminaire de
Plouguernével. Cette maison n'a pas eu seulement des
confesseurs de la foi, elle peut s'honorer d'avoir eu un
martyr.

François Le Coz, né à Plounévez-du-Faou, en 1746, et ordonné prêtre en 1771, avait été placé au Séminaire de Plouguernével en novembre 1775. Il y remplit les fonctions de
directeur jusqu'au 24 avril 1789, où il fut nommé recteur de
Poullaouen.

« Lorsqu'éclata la persécution contre le clergé fidèle,
« M. Le Coz fut arrêté sur sa paroisse. Deux commissaires,
« nommés pour le recensement du grain, parcouraient cette
« paroisse pour mesurer le blé qui se trouvait dans chaque
« ménage. Escortés de gendarmes, ils arrivent au village
« où était M. Le Coz. Les premiers qui entrent dans la mai-
« son où il se tenait, habillé en paysan de l'endroit, lui de-
« mandent s'il en est le propriétaire; il répond que celui-ci
« travaillait dans un champ voisin, et qu'il allait l'avertir. Il
« sort, et rencontre un des commissaires qui le reconnaît et
« le fait arrêter par les soldats qui l'entouraient. On le con-
« duit immédiatement à la mine (2), où il est gardé avec
« soin ; le lendemain, on le dirige sur Brest. En montant à
« cheval, le prisonnier chante le *Libera;* on ne le vit jamais
« ni si content, ni si gai !

« Jeté dans les prisons de Brest, il y demeura quelques
« jours, jusqu'à ce qu'il fût appelé devant le tribunal et
« condamné à la mort. Il paraît sur l'échafaud avec un air

(1) M. l'abbé Téphany, *Vie de Mgr Graveran : passim*.
(2) La paroisse de Poullaouen possède une mine de plomb sulfuré ar-
gentifère, mêlé de zinc sulfuré.

« triomphant et se couche sur la guillotine; en ce moment,
« les spectateurs, avides de sang, crient : *Vive la Républi-*
« *que!* Le condamné répond d'une voix très forte : *Vivent*
« *Jésus et Marie!* A peine a-t-il prononcé ce dernier mot
« que le couteau tombe et lui enlève la vie du temps pour
« lui donner celle de la bienheureuse éternité. Il était âgé
« de 48 ans.

« Quelque temps avant sa mort, M. Le Coz, se trouvant
« sur la paroisse de Leuhan, y avait confessé toute la nuit,
« dit la·messe un peu avant le jour et distribué la sainte
« communion. En prenant congé de ces bons catholiques
« qui le plaignaient beaucoup sur les persécutions aux-
« quelles il était en butte, il leur dit que son plus grand dé-
« sir était d'être arrêté en sortant de la maison où il se
« trouvait; qu'il était consolant de mourir sur un écha-
« faud...

« Le jugement de M. Le Coz ne fut pas long. Il avait com-
« paru le 13 mars; il fut exécuté le lendemain. On se borna
« à constater son identité; puis, sans autre forme de procès,
« on prononça la sentence qui le condamnait à mort, sur
« les motifs suivants, sorte de cliché que l'on appliquait à
« tous les prêtres non assermentés, pour donner à ces
« exécutions sommaires une certaine légalité apparente
« et un semblant de justice dérisoire, dont les juges san-
« guinaires de l'époque, qui osa tout, n'osaient point s'af-
« franchir :

« Considérant qu'il en était qui, pour troubler les conscien-
« ces et inspirer aux citoyens faibles le désir de la restau-
« ration de l'ancien régime ecclésiastique, se cachaient
« tantôt dans un lieu, tantôt dans un autre, et faisaient des
« célébrations dans les maisons particulières, où ils n'a-
« vaient pour témoins que les aveugles qu'ils abusaient ;

« Que voulant nuire à la chose publique par plus d'un
« moyen, ils décriaient les assignats;

« Enfin, que le refuge que plusieurs d'entre eux cher-
« chaient dans leurs anciennes paroisses, n'avait d'autre but
« que d'y prêcher, dans le secret, les anciennes erreurs et

« les principes contre-révolutionnaires qu'ils avaient tou-
« jours professés, etc... (1). »

Dans une ancienne famille de Maël-Carhaix, qui était pendant la Révolution la Providence de tous les prêtres de la
contrée, on vous dirait encore aujourd'hui : « Notre grand'
« mère nous parlait souvent, avec un pieux respect, de ces
« pauvres proscrits qui venaient lui demander un refuge.
« *Mais*, ajoutait-elle toujours, *leur maître à tous, était M. Le*
« *Coz, recteur de Poullaouën.* »

Comment se fait-il que le souvenir d'un de ses anciens directeurs, mort si héroïquement, se soit perdu au Séminaire
de Plouguernével? Je ne saurais le dire. Mais quelle que
soit la cause de cet oubli, il me semble que le temps est
venu de le réparer, en inscrivant au livre d'or de la maison le
nom de M. François Le Coz, entouré de l'auréole qu'il mérite. Toutes les familles n'ont pas l'honneur de compter des
martyrs parmi leurs ancêtres.

Nous avons cité un autre prêtre du même nom parmi les
professeurs de Plouguernével, à l'époque qui nous occupe.
Celui-ci, il est vrai, fait moins d'honneur à notre maison;
mais s'il eut un moment de faiblesse à une heure critique, il
reconnut plus tard son erreur et la répara courageusement.
Voici les notes relevées sur lui à l'évêché de Quimper :

« Yves Le Coz, né à Briec en 1756, prêtre à Pâques 1780.
« Excellent sujet pour tout. Envoyé à Plouguernével en mai
« 1781, puis au Séminaire de Quimper, en juin 1783. Nommé
« recteur de Châteaulin le 9 juillet 1789, il adhéra à la dé-
« claration de Mgr de Saint-Luc contre la constitution civile
« du clergé; mais sur les observations du district de Châ-
« teaulin, il déclara n'avoir jamais voulu, par cette adhésion,
« improuver les décrets de l'Assemblée nationale. Il prêta le
« serment; devint en avril 1791 Supérieur du Séminaire
« constitutionnel à Quimper. Il était promoteur du presby-
« tère schismatique lors du synode d'Audren, en 1800. En

(1) M. l'abbé Téphany, *Hist. de la Persécut. relig.*

« 1804, il fit son abjuration et devint curé de Carhaix. Il est
« cité comme bienfaiteur insigne du Grand Séminaire de
« Quimper, et fondateur du Petit Séminaire de Pontcroix.
« S'il n'était pas parent de l'évêque Le Coz, comme quelques-
« uns le pensent, il était du moins son ami. »

LE SÉMINAIRE DE PLOUGUERNÉVEL

PENDANT LA PÉRIODE RÉVOLUTIONNAIRE

Un siècle avait déjà passé depuis la mort du fondateur du
Séminaire de Plouguernévcl, un siècle qui se résume dans
un dévouement de tous les jours aux intérêts les plus chers
de cette contrée, jusque-là si délaissée. Plusieurs générations
de jeunes gens, qui eussent été condamnés à l'ignorance dans
laquelle avaient vécu leurs pères, avaient reçu dans ce collège le bienfait d'une éducation chrétienne; et la plupart
d'entre eux n'en étaient sortis que pour devenir les pasteurs
de leurs frères. La maison de Plouguernével était, dès lors,
la pépinière du clergé cornouaillais. Au dire du P. Maunoir,
c'était même *eur vagerez Zent,* une nourrice de saints (1).
C'est là aussi que les prêtres de la contrée trouvaient leurs
plus précieux auxiliaires. Quand la foi s'était refroidie dans
une paroisse, ces *Messieurs du Séminaire,* animés de l'esprit de leur saint fondateur, prenaient leur bâton de voyage
et s'en allaient prêcher une de ces missions qui ébranlaient
les populations; et si l'esprit chrétien s'est si bien conservé
dans notre Cornouaille, c'est surtout à ces émules du Père
Maunoir qu'en revient le mérite.

La misère corporelle elle-même trouvait chez eux un

(1) Quel plus bel éloge d'une maison d'éducation qu'une telle parole
tombée de la bouche d'un tel homme?

soulagement. Les pauvres aimaient à construire leur chaumière à l'abri de ces murs hospitaliers, et alors, comme aujourd'hui, le pain de la charité était chaque jour largement distribué aux portes du Séminaire.

Hâtons-nous de dire que tant de bienfaits n'étaient pas méconnus. Le pays de Plouguernével était attaché à son Séminaire; aussi, grande fut la tristesse, quand on apprit qu'il allait être confisqué, en vertu des droits que s'arrogeait un pouvoir révolutionnaire. Des voix courageuses s'élevèrent même pour protester contre l'acte de spoliation qui allait se commettre.

Ainsi, dans un mémoire adressé aux administrateurs du département, par les membres du district de Rostrenen, nous lisons ce qui suit :

« L'article II du décret du 12 juillet 1790, sur la constitu-
« tion civile du clergé, porte qu'il n'y aura dans chaque
« diocèse qu'un Séminaire, sans rien entendre préjudicier,
« quant à présent, sur les maisons d'instruction ou d'édu-
« cation.

« Nous avons dans notre district un établissement qui
« porte ce nom. Les services sans nombre que ses membres
« rendent à vingt lieues à la ronde, en faisant sucer à leurs
« élèves, avec l'amour de l'étude, les principes de probité
« et de religion, nous engagent à demander sa conserva-
« tion.

« Ce Séminaire, qui n'en a que le nom, s'appelle Sémi-
« naire de Plouguernével. Le rédacteur de ce mémoire peut
« dire, en parlant de cette maison, ce que disait Cicéron en
« plaidant pour Archias, dont il avait reçu les leçons : *Si*
« *j'ai quelques connaissances, connaissances dont je sens*
« *toute la médiocrité, je les ai puisées dans cette maison.*
« Combien de personnes, aujourd'hui en place aux départe-
« ments, tant du Morbihan, des Côtes-du-Nord que du Fi-
« nistère, peuvent avec vérité tenir le même langage!

« Signé : LE PELLOTEC, commissaire-rédacteur. »

On aime à entendre un tel témoignage de la part des re-
présentants de l'autorité à une pareille époque.

Mais, hélas ! ni cette généreuse intervention, ni le souvenir des services rendus, ni la considération des plus chers
intérêts du pays ne purent sauver le Séminaire de Plouguer-
névél dans l'affreuse tempête qui allait renverser à la fois
le trône et l'autel. Cette maison de prière et de saintes
études devait même être signalée en première ligne à la cu-
pidité des nouveaux maîtres de la France. En effet, l'établissement subit le sort des communautés, abbayes, collégiales
et autres maisons religieuses qui allaient être pillées et dé-
truites par les démolisseurs de 93.

Heureusement, le Séminaire de Plouguernével possédait
alors un Supérieur et des directeurs tels qu'il en fallait pour
faire face à l'orage.

Dès le 5 octobre 1790, MM. Le Coq, Le Pennec, Le Rigoleur, Le Louédec et Le Toullec, signèrent la protestation
contre la constitution civile du clergé, adressée au procureur général, syndic du département du Finistère, par le
chapitre et la partie fidèle du clergé du diocèse de Quimper.
Non seulement ces saints prêtres refusèrent énergiquement le
serment impie que l'on exigeait d'eux ; mais par leur exemple
et leurs exhortations, ils contribuèrent beaucoup à maintenir
dans le devoir la masse du clergé de Cornouaille, et à préser-
ver le peuple lui-même des dangers qu'allait courir sa foi.

« Comme autant d'apôtres, ils parcouraient les diverses
« paroisses du canton de Plouguernével, fortifiant le peuple
« dans son attachement traditionnel à la religion. Mais la
« force qu'ils communiquaient aux simples fidèles, ils
« avaient soin de l'entretenir dans l'âme des prêtres qui,
« ayant les yeux fixés sur eux, demeurèrent inébranlables,
« malgré tous les assauts qu'ils eurent à subir. La fermeté
« du clergé de cette vaste partie du diocèse de Quimper,
« appelée la Haute-Cornouaille, fut si grande et si unanime,
« qu'à l'exception d'un ou deux de ses membres, il rejeta
« avec horreur toute espèce de serment.

« Les directeurs du Séminaire de Plouguernével furent

6

« chassés de leur maison de la façon la plus barbare, après
« diverses vexations et avanies dont nous avons le regret
« de ne pas connaître le détail. Placés et maintenus dans ce
« poste par l'autorité de leurs supérieurs ecclésiastiques,
« ces vaillants soldats, sommés de l'abandonner, ne cédèrent
« qu'à la force et à la violence (1). »

« Nous ne nous hasarderons pas, dit M. l'abbé Boissière,
secrétaire de Mgr de Saint-Luc, à dire de mémoire la manière
indigne et cruelle dont on les arracha du Séminaire, ni à
faire connaître le récit détaillé des mauvais traitements qu'on
leur fit éprouver dans cette occasion. »

Le Supérieur, M. Le Coq, émigra en Espagne où il mourut. Il fut accompagné dans son exil par trois de ses confrères, MM. Le Pennec, Louédec et Toullec; quant au quatrième, M. Le Rigoleur, il alla chercher un asile à Jersey. Il
revint plus tard au pays, et après le Concordat, il fut nommé
curé de Rostrenen, par ordonnance de Mgr Caffarelli, en
date du 14 pluviôse an XI.

En même temps que la paroisse de Plouguernével perdait
ces bons prêtres du Séminaire qui l'édifiaient et la dirigeaient
avec un zèle tout apostolique, elle se voyait dotée d'un nouveau pasteur. Dès le mois de novembre 1791, un prêtre as-
sermenté, du nom de Mordellet, se faisait installer comme
curé constitutionnel. Mais, d'après la tradition, cet intrus
fut accueilli plus que froidement par la population, et son
ministère eut si peu de succès, qu'au bout de quelque temps
il prit le parti de battre en retraite.

Mais c'était trop peu pour la Révolution d'avoir violemment
expulsé du Séminaire des hommes inoffensifs qui préféraient
l'exil à un serment que réprouvait leur conscience; le Séminaire lui-même, avec toutes ses dépendances, avait été déclaré
propriété de la nation, et la nation allait user de ses droits.
Donc, le 26 août 1791, sur les neuf heures du matin,
M. Le Pennec qui n'avait pas encore quitté l'établissement,

(1) M. l'abbé Téphany, *Hist. de la Persécut. relig.*

où le retenait peut-être son titre de procureur, reçut la visite d'un commissaire envoyé par le directoire du département pour une opération importante; il s'agissait de procé-
der à l'inventaire du ci-devant Séminaire de Plouguernével.
Ce commissaire était le citoyen P. Le Bourhis, vice-président
du district et juge de paix de Rostrenen. Fort poliment, sans
doute, il invita M. Le Penrec à l'accompagner dans sa visite
domiciliaire, et à en juger d'après le procès-verbal par lui
dressé, on doit croire qu'il s'acquitta de son ministère avec
une minutieuse ponctualité. A l'aide de ce curieux document, on pourrait reconstituer tout l'ancien Séminaire; c'est
un fil conducteur qui vous mène dans toutes les salles, les
chambres, les cellules, les moindres mansardes qui s'alignent
devant vous dans un ordre parfait. On passe aussi en revue
tout le mobilier du Séminaire, depuis la crémaillère de la
cuisine jusqu'à une chaise cassée, reléguée dans les greniers.
On n'a même pas omis de signaler un *pot à confiture* qui,
par un changement de destinée, était devenu un *pot à tabac*.

Pour nous faire une idée de l'état des lieux, suivons l'officier public, et entrons avec lui, d'abord dans la pièce, dite
chambre du Supérieur. Nous y trouvons : « Un lit, accompa-
« gné du *vase indispensable*, un prie-Dieu, trois chaises de
« jonc, une autre de bois, et un guéridon. »

Passons de là dans la ci-devant chambre de l'évêque.
Voici quel en était l'ameublement : « Une table de retraite,
« une cuvette avec son pot de faïence, un mauvais prie-
« Dieu, deux fauteuils bourrés, trois chaises jonchées. » Ce
n'est pas tout cependant; cette chambre avait son alcôve,
laquelle contenait : « Un lit, deux matelas, une couette de
« balle et une de plume avec trois couvertures de laine,
« une blanche, une bleue, et l'autre verte, des rideaux de bazin
« de Guérande avec les gaules, un traversier et un horeiller
« de plume, garnis d'indienne de différentes couleurs ». Et
c'est là que reposait l'illustrissime seigneur évêque et comte de
Cornouaille, quand il visitait son Séminaire de Plouguernével.

Disons, pour abréger, que tout le reste était à l'avenant.
Et dans les jours où se faisait cet inventaire, on criait sur

tous les tons contre la richesse de l'Eglise et le luxe du clergé. Qui sait même les réflexions qui se firent dans l'assistance, quand le commissaire fit incrire au procès-verbal *vingt-cinq tasses à café avec leurs soucoupes?* Les bons patriotes présents en conclurent peut-être que ces *calotins* ne se refusaient pas encore toutes les douceurs de la vie.

Le même inventaire nous fait connaître le *personnel* des écuries et des étables, lequel était en rapport avec le mobilier de la maison; trois chevaux, dont un borgne et l'autre boiteux; trois vaches et un cochon, auxquels il faut ajouter treize ruches à miel, car ces messieurs du Séminaire ne dédaignaient pas l'apiculture.

Ces différents animaux furent vendus à l'enchère, le 22 floréal an I, et la somme qu'on en retira s'éleva à un total de 487 livres. Le cheval boiteux, estimé 66 livres, fut adjugé à un nommé Quénec'hdu, de Plouguernével, qui, en emmenant cette pauvre bête invalide, ne se doutait peut-être pas qu'il avait pu encourir les censures de l'Eglise.

Cette première vente se fit par le ministère de P. Le Bourhis et de Louis Duédal, membres du directoire du district, sous la présidence du citoyen J. Boulain, qui cumulait les fonctions de curé constitutionnel et de membre de la municipalité de Rostrenen.

Les immeubles du Séminaire ne furent aliénés que plus tard, comme le prouve le procès-verbal conservé aux archives des Côtes-du-Nord, dont nous donnons ici un extrait :

DÉPARTEMENT
DES COTES-DU-NORD
—

CANTON
DE ROSTRENEN
—

COMMUNE
DE PLOUGUERNÉVEL
—

*Procès-verbal de première enchère
et d'adjudication définitive.*

« Le 24ᵉ jour du mois de prairial de l'an II de la République française, une et indivisible, nous, administrateurs du

« département des Côtes-du-Nord, nous sommes réunis
« dans la salle des séances publiques, où étant, le commis-
« saire du directoire exécutif a annoncé qu'il allait être pro-
« cédé à la réception des premières enchères pour la vente
« des biens consistant, savoir : La maison du ci-devant Sé-
« minaire de Plouguernével; une autre maison, terres, jar-
« din et bois qui en dépendent, situés dans la commune de
« Plouguernével.

« Ce bien a été estimé par procès-verbal du 23 floréal, en-
« registré à Rostrenen par le citoyen Marbaud, valoir un
« revenu de 370 livres, représentant un capital de 7,400 li-
« vres; à quoi ajoutant les bois estimés valoir 264 livres, on
« a en total la somme de 7,664 livres. »

Il y eut une dizaine d'enchères dont la dernière fut mise
par le citoyen Jean-Marie Donniou, de la commune de
Plouguernével.

En conséquence :

« Le dit J.-M. Donniou a été déclaré adjudicataire de la
« maison dite Baniel, ayant cuisine, chambres, grenier,
« caves, et deux crèches; plus, deux autres maisons, quatre
« courtils, deux champs nommés *parcou-al-lan*, trois ver-
« gers sur le chemin de Plouguernével à Rostrenen, un au-
« tre champ, nommé *parc-an-quer*, un pré nommé *prat an*
« *picheri*, une aire à battre et un auvent, le tout contenant
« environ dix journaux, situés au chef-lieu de la commune,
« plus le grand jardin. »

L'iniquité était donc consommée. L'œuvre de M. Picot
était détruite (on le croyait, du moins), et les biens dont il
avait fait don à Saint-Corentin, dans la personne de son évêque, étaient l'objet d'un contrat sacrilège qui les arrachait à
l'Eglise pour les livrer au plus offrant.

Mais le Ciel frappa ici un de ces coups qui n'étaient pas
rares à cette époque. Le malheureux Donniou, accompagné,
dit-on, du curé Boulain, faisait le voyage de Guingamp pour
le paiement de sa fatale acquisition, lorsque survint une

bande de Chouans qui, sans forme de procès, les exécutèrent l'un et l'autre, au bord de la grand' route, non loin de Saint-Nicodème (1).

Les héritiers exploitèrent, peut-être sans remords, les champs, vergers et autres terres qui composaient le domaine du Séminaire; mais les bâtiments ne pouvaient être qu'une charge et un embarras. A peine trouva-t-on quelques mendiants pour en occuper les sous-sols. Les grandes salles, les hautes chambres restèrent vides, et le silence de la mort ne tarda pas à se répandre sur ces lieux où les accents de la prière se mêlaient naguère aux joyeux ébats d'une heureuse jeunesse; et ces murs, inhabités et exposés aux injures des saisons, prirent bientôt l'aspect de ruines qui attristaient le passant.

« Là, s'arrête la première phase de notre histoire qui
« commence par un grand dévouement sacerdotal, continue
« par les bienfaits de l'Eglise, et se termine pour elle dans
« les larmes et même dans le sang. Fin commune, après
« tout, dans la vie de l'Eglise! mais l'Eglise est supérieure
« à toutes les ingratitudes. Comme le sang chassé du cœur
« y revient par un mouvement invincible pour y reporter la
« vie; ainsi l'Eglise retournera un jour vers cette maison et
« les âmes dont on l'éloigne aujourd'hui. Sa patiente immor-
« talité ne s'effraie pas des ruines. Elle arrachera pieusement
« au lierre et aux ronces les débris qu'on lui aura laissés; et,
« le regard fixé sur l'avenir, oublieuse d'un passé qu'elle
« pardonne, ne demandant que la liberté d'aimer les hom-
« mes, elle s'assiéra de nouveau à la porte de cette maison,
« pour recevoir entre ses bras toute cette jeunesse bénie,
« qui porte avec soi les espérances du sacerdoce (2). »

_____

(1) Nous nous faisons un devoir de reconnaître que la famille a généreusement réparé la faute de son ancêtre.

(2) Discours prononcé par M. l'abbé Huard.

TABLEAU CHRONOLOGIQUE

DES SUPÉRIEURS DU SÉMINAIRE DE PLOUGUERNÉVEL

MESSIEURS,

Maurice Picot, fondateur...................	1669
Henri Abgrall, Supérieur général, non résidant..	1669-1678
Guillaume Paillard, id. ..	1678-1689
Jacques Rannou, id. ..	1689-1701
Henri Le Coz, 1er Supérieur local.............	1682-1700
Philippe de Keryvon......................	1700-1711
Julien Le Goff...........................	1711-1716
Guillaume Guyader........................	1716-1727
Guillaume Nicol..........................	1727-1767
Guillaume Noury.........................	1767-1772
Louis Caro..............................	1772-1772
Yves Poho..............................	1772-1787
Hervé Le Coq...........................	1787-1791
Fermeture et expropriation du Séminaire......	1791
Restauration............................	1821
Olivier Ribaut...........................	1821-1832
Pierre Ropers...........................	1832-1842
Jean Pasco.............................	1842-1863
Joseph Huard...........................	1863-1864
Jean Le Graët..........................	1864-1883
François Raoult.........................	1883-1890
Yves Ollivier, *quem Deus sospitem diu conservet!*.	1890

ÉLOGE DE LA BOHÊME

PAR

M. Alain DUMOULIN

ANCIEN PROFESSEUR DU SÉMINAIRE DE PLOUGUERNÉVEL

Emigré à Prague pendant la Révolution française

~~~~~~~~~~~

Hispanos alii, Turcas, Græcos ve vel Indos
Laudibus exaltent, et eos ad sydera tollant ;
Quid tibi, Musa? silo : ducit sua quemque voluntas :
An variis variæ dotes non gentibus insunt?
Thura sua, ast meritis, dantem laudoque proboque.
Istis, Musa, tace populis ; tu justa labores.
Laudaturus ego gentem pro viribus insto.
Hoc Themis, hoc Helicon, hoc totus præcipit æther.
Expulsum patria, miserum me sumpsit in ulnas
Gens generosa... Dei nutritque fovetque ministrum.
Terra Bohema !... meæ, genitrix, narratio laudis !
Sed procul hinc vesana, procul laudatio mendax ;
Mos est cuique probo scriptori vera fateri.
Incipe, Musa ; mihi fer opem, succurrat Apollo.
Sit mea vena, precor, facunda ; sit aurea lingua,
Ut te digna canam, ut scribam dignissima Phœbo.

Multaviæ ad ripas urbs triplex (1) nomine Praga,
Surgit et antiqui est Regni Regina caputque.
Candidus in signum gemino Leo verbere caudæ :
Salve, Praga, mihi bona, nobilis, alma, venusta,

(1) La ville est partagée en trois : la vieille ville, la ville neuve et la petite,

Urbs pia... stes donec fluctus formica marinos
Ebibat, et totum testudo perambulet orbem.

Hæc caput est regni cui Slavo-Bohemia nomen,
Religionis amans, ac ipsi firmiter hærens :
Ipsius in Christum multis tentata periclis
Pura fides remanet, solum illud numen adorat
Hæc pia gens... pia tu dilecta, Bohemia, Christo.
Fertilis hæc tellus, posset benedicta vocari ;
Herbæ, frumentum, fructusque, legumina, flores,
Pampinus et lignum et pisces nascuntur in illa ;
Stamina, vestitus, carnes et cætera donat.
Nobilis hæc fama, multis celebratur in oris :
Quæ plaga, quæ regio scythicæ sub frigore zonæ,
Non armis tentata suis, non victa remansit?
Victi quot populi Czechis (1) solvere tributum?
Dicite, vicinæ solæ, vos, dicite, gentes :
Prussia cum Lechis, Gottmania, Dania, Sueci,
An non terrorem vobis movere Bohemi?
Et ne hostes fierent, quoties, fecistis amicos?
Itala gens, quoties, dic, de te Czechia victrix?
Dic nobis, quoties pavitans, veniente Bohemo,
Clausisti timidos intra tua mœnia cives?
Urbs quædam meminit (2), non hausit pocula Lethes.

Certa fides : nullis, czechis nisi, vincitur armis
Czechus : et in patria Czechum gens nulla subegit.
Testis erit turbæ fax et dux Ziska (3) rebellis.

Nostra viros genuit docuitque Bohemia multos,
Artibus instructos, rerum fandique peritos ;
Pluribus ipsa dedit magnis heroibus ortum.

(1) Tchekhes, Zechs ou Slaves.
(2) La ville de Milan.
(3) Chef de révolte qui voulut fomenter la guerre civile dans le royaume ;
apôtre des idées de Jean Huss et de Jérôme de Prague.

Id patet Hosperiæ volventi facta vetustæ ;
Id docet antiquis memorans narratio fastis.
Omne retro sæculum loquitur de gente Deoque
Et regi firma, belloque et pace fideli ;
Sæpius in regno duplex hæc causa tumultus
Obstitit obsequiis ; at Czechia casta revixit.
Auguror hæc : Regis semper mandata sequetur.
Hæc mea mens : veris nunquam valedicit amicis :
Hoc spero : verum semper zelabit honorem ;
Hoc credo : a vera nunquam separabitur ara.

Susceptus Pragæ gremio, mea Musa bohema est ;
Regi devinctus, mea sacro carmina Regi ;
Incipe nunc cantus, soror o pragena, bohemos.
Desine, vana, tuos, Hellas, attollere reges ;
Et tu, Troja, tuos : nobis est Hector et Ajax :
Est etiam Aenas, simul ac invictus Achilles.
Deliciæ, Titus rex, rexque paterque suorum ;
Quilibet imperii est, illo regnante, beatus.
Jussa suis, sed amantibus atque volentibus, offert
Imperiis : sapiens florentia regna tuetur.
Vivat io, Cæsar ! memorique hoc carmine regnet !
Te, Francisce, loquor ; parce, ah ! parce, inclyte Princeps.
Carmine ne lædam, Regem laudare cavebo.
Hoc tamen, et te invito, mequo tacente, patebit ;
Est amor, est studium Czechi Regisque ; duo unum ;
Tu nos totus amas, a nobis totus amaris.

Est tibi nunc quidam, latitans ænigma, Minister,
Quem nullus novit, nec definire valebit ;
Aspicit hunc Gallus, nec Gallus percipit illum ;
Hunc legit et Prussus, sed non cognoscere compar ;
Turca hunc scrutatur, sed nondum Turcia noscit ;
Hispanus frustra penetrare arcana laborat.
Europe meditatur eum, frustata laborem ;
Ergo virum merito debent ænigma vocare,

Vos regni Statuum præstantia membra bohemi ;
Vos, Patriæ Patres, clarissima lumina regni ;
Vos tandem, patriæ sanctissima jura tuentes,
Alloquor : optarem vobis dare munera laudum
Debita : quanta seges vobis debetur honoris !
Candida Musa pios vestros laudare labores
Nititur impatiens... iterum succurrat Apollo.

An licet in magnis, exemplis grandibus uti ?
Ergo Status dabitur merito assimilare bohemos
Multaviæ fluvio : nullo discrimine distant.
Moldava perpetuo currit, nec deserit urbem :
Pertransit Pragam, Pragæque affixus inhæret :
Continuo per rura fluit, nec rura relinquit ;
Rure fluat vel in urbe, tamen rus ditat et urbem.
Utilis est igitur gradiens, et Moldava fixus.
Non aliud videas Statuum patrare Patratos :
Quolibet huc veniunt, abeunt hinc quolibet anno :
Collecti aut sparsi, tamen usque morantur in urbe ;
Vivit concilium, Statuum immortalis imago.

Moldava ni flueret, misera esset Praga necesse est ;
Regno deme Status, it pessum patria tota ;
Quidquid agant, patriæ prosunt, et munera donant ;
Nobile propterea regni tutamen habentur.

Vobis semper honos, queis est collata potestas :
Vobis semper honos, quorum stat fœdere regnum ;
Vobis semper honos ; nostri estis gloria regni.

Vivit in urbe Comes (1) legum servator et æqui,
Burgravius, Themiris proles, dilectio nostri ;
Regia perfecte jamdudum munera complet.
Ah ! utinam referat Francisco hæc verba Secundo !
Quisquis respirat Pragæ, te, Cæsar, adorat ;
Omne tibi hoc regno vegetans respirat amorem.

(1) D. Exc. comte de Stampach,

Doctorum (1) hic cœtum sapientia sede locavit.
Hanc tria nobilitant, ponuntque in laude per orbem.
Pluribus ante actis multo est antiquior ævis.
Conspicuos numero et fama formavit alumnos ;
Pura est, pura fuit doctrina, et pura manebit.
Prisca igitur, celebris, casta est academia Pragæ.
Eloquar an sileam ? Latet : hoc incumbit agendum :
Elogium faciam, sed nil de Præsule dicam ;
Namque silere jubet ; sed eum laudabo silendo.
Maxima laus laudanda viri ! sed laudibus obstat.
At nomen pandam ! Salm-Salm est : omnia dixi :
Inclyte Præsul, habes in te compendia laudis.

Historiam, Clio, nobis deprome recentem.
Audi, posteritas ; hujus non fabula mater.
Nunc mihi, Calliope, vocem concede sonoram,
Ut valeam regnum digne cantare Bohemum,
Ipsius et famam et laudes celebrare per orbem.
Præsentis laudator ego, non temporis acti.

Nuper abhinc meriti ducebant fausta Bohemi
Tempora : et officio propensus quisque studebat ;
Cum subito furibundus adest in finibus hostis.
Gens tremit... at quid ego ! gens tota stat, infremit, horret ;
Corda furunt tacito, cupiuntque capere jussa,
Quæ jus fasque darent tutari arasque focosque ;
Non ardor gentem, non spes generosa fefellit.

Quis fuit ille hostis ? quid nostra a gente petebat ?
Hostis erat Gallus, prædo vesanus et atrox :
Gallus anhelabat solio detrudere Regem.

---

(1) L'université de Prague : elle était si fréquentée au xvᵉ siècle, et les écoliers étaient si nombreux, qu'on sonnait une cloche, un quart d'heure avant la sortie des classes, pour avertir les habitants de laisser les rues libres.

O Gallo insipiens! quæ te dementia cepit?
Pone modum brevibus furiis : hæc certa furoris
Argumenta tui, aut vacuæ deliria mentis,
Aut sunt signa animi æterna caligine septi.
Si nutent Aquilæ, vel nostri signa Leonis,
Omnis in arma ruet gens docta subire pericla.

Ut Rex insultus patriæ et minitantia vidit,
« Arma... meos, dixit, gladio succingite Czechos ;
« Spes mea, Czechiadæ, patriam defendite ferro.
« Macti animis : tactique loci natalis amore,
« Surgite : vestra fides facta est spes nostra, Bohemi :
« In belli veteres animos consurgite vestros :
« Sit nova nunc vobis virtus ; sit digna Bohemis ;
« Gallia non noscit vestras in prælia vires ;
« Eia, agite, Heroes, et sitis Cæsare digni !
« Galli non poterunt armis obsistere vestris,
« Nec regni aerios ferro conscendere montes.
« Gallorum innumeræ veniunt ad fata catervæ :
« Currite quo patriæ, quo vos oracula Regis
« Et quo fata vocant ; animum victoria fortem
« Certa manet ; patrios nunc custodite penates :
« Albus ubique Leo vigeat, nomenque Bohemum.
« Vestræ est, Czechiadæ, prima hæc victoria palmæ.
« Surgite, currite, vincite, cædite, pellite Gallum ;
« Monstrum infame, horrens, totum cui lumen ademptum :
« Ad prædas præceps, mature ad funera velox.
« Iste novo jugulum Regis mucrone resolvit ·
« Proh scelus ! o dignas flammis plumbique liquentis
« Rore manus ! sol... huic nunquam des lumina genti ! »

Talia Rex dixit, juvenesque ad bella vocavit.
O Regis vocem ! o patriæ miracula vocis !
O sacra vox patriæ ! vox laudis, vox que salutis !
Sponte sua mentes hominum, non fraude reguntur.
Regi dicta refert Czechus... « Tua sarcina, Cæsar,
« Et levis et grata, et leges tractabile pondus !

« Quisque Bohemorum ad pugnam promptissimus ibit.
« Major Alexandro es, Francisce, et Cæsare major.
« Franciscus totum sub leges mitteret orbem. »

Vivat, io, Cæsar, felicia tempora ducat !
O Cæsar ! quantum te laudet ametque Bohemus,
Esse, velim, memorem ! tu nostræ gaudia vitæ.

Illico festinans, gaudens ardensque juventus ;
Illico nobilitas generosa impleverat urbem.
Credat posteritas : juvenum inflammata caterva
Major erat : pluresque ad agros remeare jubentur.
Certa fides : puerosque pater, famulosque colonus
Excitat ad bellum, genitor natum induit armis.
« I nunc, fili, ait, i : vexilla sequare Leonis :
« I celer, i rapidus ; te dignum ostende parente :
« Nonne vides Carolum ? qui non hunc aspicit, errat.
« Sublevat hic socios et semper laude coronat.
« Quæ clades metuenda tibi, dum pugnat Olympus
« Pro Patria ? ille probo semper dat habere salutem.
« I, fili, i ; valeas : vincas, purissime sanguis
« Et nostri fortuna ævi ; sis noster Achilles ;
« Incendens animum flagret mavortius ardor ;
« I, pete Parisios, pollutam cædibus urbem,
« Natantem multo natorum sanguine sedem. »

Jamque excita locis glomeratur ad arma juventus ;
Obvius huic volitans civis sua brachia pandit :
Lætus fraterno dat circum brachia collo.
Huic patet hospitium, danturque viatica vitæ ;
Aptantur gratis vestes et bellica signa.

Quid video ?... Comitem venerando munere clarum (1)
Cui cura est punire malum et defendere justum.
Quid facit ?... in patriam puro correptus amore,
Cantibus et ludis animos hilarare laborat ;

(1) Le comte Jos. de Wratislaw, capitaine de la ville.

Inflectit juvenum blanda dulcedine mentem,
Et sic terrificas valuit conjungere turmas ;
Ardentes hilaris comitatur ubique catervas,
Queis, duce Terpsichore, callem monstravit honoris ;
Sic fuit hic patriæ rebus solamen in arctis.

Illico multivolæ properant ad arma catervæ,
Et viduas matres, fratresque laresque relinquunt.
Arma juventa rapit : mavortia signa moventur :
Primus honos Aquilæ, primusque deinde Leoni ;
Agmina densantur juvenum : gradus omnibus idem :
Et si terra viam negat, illico in æthera surgent ;
Pennas namque Bohemus habet... mox pergit ad hostem ;
Et levis et rabida it currique volatque juventus,
Per riguos saltus, per præcipitantia saxa,
Per montes, per aquas, saltu vel forte volatu ;
Audax, intrepidus procul olfacit arma Bohemus...

Fama volat, Gallique modo pervenit ad aures ;
Hoc stupet audito Gallus, metuitque tremitque...
Obstupuit patria et cessavit bella timere ;
Fabula quod quondam, quod mendax finxit aruspex,
Est minus ante oculos quam quod gessere Bohemi.

Interea populus gemebundus templa frequentat ;
Atque crucem, genibus flexis, tremefactus adorat ;
Quisque pio, famulante Deo, ferit æthera cantu ;
Hinc illinc plateæ lacrymis precibusque resultant.
Vera loquor : lacrymæ et cantus miscentur in unum.
Hæc ait illacrymans populus, gemitusque ciendo :
« Alme Parens, tu sola salus ! miserere tuorum,
« Quos fera terribili conterrent arma tumultu ;
« Afflictis liceat per te sperare salutem.
« Digneris rabidum a nobis avertere Gallum.
« O Deus omnipotens, fidentibus annue votis !
« Respice placatus patriam ; miserere, precamur !

« Parce tuis : fer opem et promptus succurre timori ;
« Si tu pro nobis, quis contra obstare valebit ? »

Regia progenies, atavæ pietatis amatrix,
Vivit in urbe, Deo dilecta et cara Bohemis :
Hæc pia nostra Judith (1), Gallo graviora minante,
Multa animo volvens, urbis pomæria linquit.
Vota facit : cervix Holophernis victima voti.
Illa sacri, ut Moyses, conscendens culmina montis,
Sic ait : « O Deus omnipotens, rogo, parce Bohemis !
« Est tuus, estque meus populus, mihi namque dedisti.
« An patiere meam maculari sanguine terram ?
« Aut populo parcas, aut vivam me exue vita... »
Hæc ait, atque domum confisa et læta revertit,
Omnibus ingeminans... : Victus modo Gallus abibit.

Vivite nunc placidi, dempto terrore, Bohemi ;
Sollicite vigilat vestræ Marianna saluti ;
Ista suis precibus cœlestes temperat iras,
Iratumque Deum vobis effecit amicum.

Interea Carolus campum petit : agmine facto,
Excitat armiferos, primusque accingitur armis :
Aggreditur properans, pellit, ferit, immolat hostem ;
Sic vaga syderei festinant lumina mundi ;
Sic quoque terrificum præceps ruit aere fulmen.
Ut lepus ad Rhenum, pavidus præcepsque recedit
Gallus, et ad stygias cunctator mittitur undas...
Hæc sunt certa Dei, Dux inclyte, signa favoris.
Sydera te divi comitantur quinque Johannis (2) ;
Te Winceslai cœlestia scuta tuentur,
Et tibi ter geminus dux-custos Angelus adstat.
Posteritas nomen cunctis memorabile terris
Sera canet merito, sicque immortale manebit.

(1) Comtesse de Boland., souveraine maîtresse.
(2) Les cinq étoiles de saint Jean Népomucène.

Gallia Carl-magnum, Carolum Germania quintum
Te vocat ; at noster Carolus fis compar utrique.
Heros tu Heroum ! talem non fabula finxit,
Non anni, qui quinque tibi quinquennia nec sunt ;
Noster Achilles eris, prudens Franciscus Ulisses ;
Francisco Caroloque simul sociata potestas ;
Archiducesque duo sceptrum commune tuentur ;
Hic amor, ille timor, fratres miscentur in unum.
Ibunt ad seros, o Praga, hæc facta nepotes !
Atque hanc historiam ventura docebitur ætas :
Credet posteritas fieri miracula posse
Imperio patrata tuo... dicenda supersunt
Plura mihi : dabitur sermonis gratior hora,
Cum vos, o Juvenes, conspersos pulvere belli
Patria suscipiet : tunc rursus Musa loquetur.

Persolvi meritas præsenti carmine grates ;
His si versiculis (absit) suffragia desint,
Hic tamen, hic vera ex vero sum corde locutus :
Non laudator ego vitiorum sordidus unquam :
Nunquam Musa malos canere aut sufferre valebit.
Non nisi promeritis veniam dans thuris honores.

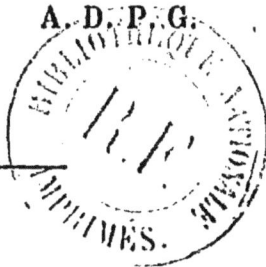

A. D. P. G.

696. — Saint-Brieuc. Imp. René PRUD'HOMME.

www.ingramcontent.com/pod-product-compliance
Lightning Source LLC
Chambersburg PA
CBHW060628100426
42744CB00008B/1551